政府和社会资本合作合同法律属性研究

马浩然 著

浙江工商大学 出版社

ZHEJIANG GONGSHANG UNIVERSITY PRESS

·杭州·

图书在版编目（CIP）数据

政府和社会资本合作合同法律属性研究 ／ 马浩然著 ． —— 杭州 ： 浙江工商大学出版社，2024.7
ISBN 978-7-5178-5865-2

Ⅰ．①政… Ⅱ．①马… Ⅲ．①政府投资－合作－社会资本－经济合同－合同法－研究－中国 Ⅳ．① D922.280.4

中国国家版本馆 CIP 数据核字（2023）第 249474 号

政府和社会资本合作合同法律属性研究

ZHENGFU HE SHEHUI ZIBEN HEZUO HETONG FALÜ SHUXING YANJIU

马浩然 著

责任编辑	徐　凌
责任校对	韩新严
封面设计	蔡思婕
责任印制	包建辉
出版发行	浙江工商大学出版社
	（杭州市教工路 198 号　邮政编码 310012）
	（E-mail：zjgsupress@163.com）
	（网址：http://www.zjgsupress.com）
	电话：0571-88904980，88831806（传真）
排　　版	杭州彩地电脑图文有限公司
印　　刷	杭州宏雅印刷有限公司
开　　本	710 mm×1000 mm　1/16
印　　张	13.5
字　　数	192 千
版印次	2024 年 7 月第 1 版　2024 年 7 月第 1 次印刷
书　　号	ISBN 978-7-5178-5865-2
定　　价	49.00 元

序

　　政府和社会资本合作作为公共服务供给机制的一项重大创新，自中国共产党十八届三中全会之后，在我国得到迅速发展。在一定程度上，政府和社会资本合作的发展在缓解财政压力、优化资源配置、刺激多元化的基础设施建设和公共服务投资方面发挥了较大作用。然而，政府和社会资本合作在快速发展的同时，也出现了一些亟待解决的问题。其中，政府和社会资本合作合同应为何种法律属性，一直困扰着理论界和实务界。合同法律属性涉及法律规则的选择和处理争议的法律程序，合同法律属性不明导致了司法实践中法律适用混乱及裁判不统一的现象，这些现象不仅阻碍了政府和社会资本合作的发展，更不利于对政府和社会资本合法权益的保护，从而降低了社会资本的投资热情。因此，探明政府和社会资本合作的法律本质，明确政府和社会资本合作合同的法律属性，对解决现存问题具有重大意义。

　　政府和社会资本合作是政府对传统行政的一次市场化改革，其核心是市场竞争，目的是合作共赢。要促使政府和社会资本合作的改革实践良性发展，应准确把握政府和社会资本合作的"伙伴关系"的内在精髓，遵循市场竞争规则，在坚守市场交易理念的基础上厘清政府和社会资本合作的合同法律属性。合同法律属性问题关注的中心，是公法与私法在合同中的地位和作用。在我国实行民事诉讼与行政诉讼分离的制度背景下，按照司法最终原则，应

1

当把争议处理作为确定法律属性的着手点。政府和社会资本合作合同属于民商事合同还是行政合同，就成为设计法律制度的基本出发点。[①] 只有合同法律属性认定准确，才能增强政企互信，减少公权力的过度干预，促进政府和社会资本合作项目规范运作。本书聚焦合同法律属性，从理论依据、司法裁判案例、主体甄别、行为界说、界分工具的运用、合同机理的考察等多个维度对政府和社会资本合作合同进行研究。

本书除绪论与结语外，共分六章，各章节主要内容如下：

第一章分析了政府和社会资本合作出现的现实动因、理论基础、解决合同属性纷争及争端的司法困境。政府和社会资本合作代表了国家干预向自由市场的转型，这俨然已成为一种潮流，但这股潮流所带来的并不都是成功，还有危机和衰退。因此，有必要考察政府和社会资本合作的理论依据，探究其本质特征与规律，了解政府和社会资本合作良性运作所需要的制度框架。本章从探究政府和社会资本合作的渊源、辨析政府和社会资本合作的概念入手，厘清政府和社会资本合作合同的几个基本问题，为后面章节研究主体、行为、内容要素及立法考量等绘制了一个清晰的轮廓。从司法裁判案例中可看出，政府和社会资本合作合同法律属性的认定及纠纷适用的法律程序均存在很大争议，这正是严重影响政府和社会资本合作良性发展、导致政府和社会资本合作的利益无法得到根本保障的重要原因，因此迫切需要通过法律制度加以规范。

第二章对政府和社会资本合作合同主体进行甄别研究。政府和社会资本合作合同具有主体构成多样性、主体角色复合性、主体目标合作性等特点。只有对政府和社会资本合作合同主体进行甄别，才能全面了解政府和社会资本合作合同，从而准确把握合同的法律属性。本章对政府和社会资本合作合同中的政府机关法人与行政主体的身份、社会资本的民商事主体与行政相对

---

① 于安：《我国实行 PPP 制度的基本法律问题》，《国家检察官学院学报》2017 年第 2 期，第 84—94 页、第 172 页。

人的身份做了剖析，认定政府和社会资本合作合同的法律属性不应以合同主体享有公权力的行政主体为准，而应以其用何种身份订立合同为判断因素。

第三章对政府和社会资本合作合同行为进行思辨与定性研究。本章从行为角度研究合同法律属性，引入整体与局部的分析方法，对政府和社会资本合作过程中政府与社会资本分别实施的带有行政行为和市场交易行为性质的一系列行为，如合作方选定、合同的变更与解除等进行分析。政府和社会资本合作行为中存在的一部分行政法律行为是一个无法回避的问题，但就政府和社会资本合作行为本身而言，其本质是共赢的合作行为，政府和社会资本合作合同是政府和社会资本合作行为实施的介质，是政府和社会资本合作合同行为的直接结果，民商事属性才是政府和社会资本合作合同行为的核心。

第四章对政府和社会资本合作合同内容要素进行考察。本章是建立在合同内容基础上的实证研究，以标准化政府和社会资本合作合同文本及实践中的政府和社会资本合作实务案例项目合同为研究对象，通过对合同内容的相关因素进行抽象分析，在实践层面厘清政府和社会资本合作合同的法律属性。政府和社会资本合作合同是政府与社会资本在平等、自愿、公平的基础上协商达成的。政府作为公共事项的发起人，需要得到社会资本的认可才能达成合意。社会资本基于合同有约必守的保障，可以通过项目的建设运营获取利益，体现的是民商事权利义务的对等性。

第五章研究政府和社会资本合作合同法律属性的界分工具。本章运用德国法中的双阶理论与英美法中的近因理论，从理论的起源、历史演进、制度内涵与价值等角度出发，为政府和社会资本合作合同的法律属性定性研究开辟出一条新的路径。在双阶理论的运用中，本书突破传统公私二元对立的观念，以阶段性思维进行辨别，并通过项目程序进程来界定政府和社会资本合作合同的法律属性。同时，根据近因理论对合同构成因素和因果链条进行双重分析，抓住事物的主要矛盾和次要矛盾，从而更全面地界定政府和社会资本合作合同的民商事法律属性。

　　第六章明确了我国政府和社会资本合作合同民商事属性的核心趋向与在立法上的考量。将政府和社会资本合作合同定性为行政合同，与我国的政府和社会资本合作实践相偏离，也是许多政府和社会资本合作项目出现"前期势好、中后排异、后期烂尾"的主要原因。主张政府和社会资本合作合同为行政合同的观点在一定程度上是对政府和社会资本合作合同的民商事属性的反思，但这样的反思并未触及政府和社会资本合作的本质，也未探及政府和社会资本合作的出发点和根本。本章借鉴域外政府和社会资本合作的立法进程，探索我国政府和社会资本合作的立法导向，探讨立法中政府和社会资本合作合同的中国式路径。具体而言，应以政府和社会资本合作合同的民商事属性为立法的核心趋向，这既遵循市场交易的内在规律，也将激发社会资本参与项目合作的热情，更为重要的是，在进行以民商事属性为导向的政府和社会资本合作立法时，才能契合政府和社会资本合作合同的本质属性。

目 录

CONTENTS

绪　论

一、研究背景与意义

政府和社会资本合作作为吸引社会力量参与社会治理、与政府合作共同治理的长期合作形式，自被引入我国以来，不仅提高了我国公共基础设施和公共社会服务的质量，还减轻了政府的财政支出压力，在一定程度上达到了政府和社会资本合作共赢的目的。尽管已出台了诸多政策和规范性法律文件，但是我国政府和社会资本合作的相关制度设计还不够完善，政府和社会资本合作合同法律属性这一重要问题依然存在争议，一直都是理论界和实务界致力解决的问题。

全球化推动了公私对立走向公私合作，各国的新公共管理改革及经济转型促进了政府和社会资本合作的蓬勃发展。政府和社会资本合作催生了政府和社会资本合作合同，政府和社会资本合作合同是政府与社会资本在基础设施建设和公共服务领域通过招采程序而签订的风险共担、利益共享的合作协议。[①]政府和社会资本合作合同由政府和社会资本签订，主体的特殊性和形式的契约性使得政府和社会资本合作合同在一定程度上既满足公法合同的特点，又符合私法合同的特征。同时，由于政府和社会资本合作的诞生带有解

---

① 这里指的政府和社会资本合作合同，又称 PPP 合同或 PPP 项目合同、项目协议、投资契约，是狭义的单一合同文本。

决市场失灵、政府债务危机等问题的初衷，在诸多方面也须受到经济法的规制。在多重因素作用的背景下，各界对政府和社会资本合作合同的法律属性一直存在极大的争议。由于合同法律属性的不明，政府和社会资本合作在具体的运用过程中存在着一系列的问题，其中包括对政府和社会资本合作合同纠纷应当提起民事诉讼还是行政诉讼，在法律适用方面，是适用民商事法律还是行政法律，政府能否基于公共利益考虑单方解除、变更政府和社会资本合作合同，政府在政府和社会资本合作中如何确定监督权的边界等。总体而言，由于政府和社会资本合作合同法律属性不明，产生的主要问题有：

第一，司法裁判乱象。司法实践中，关于政府和社会资本合作合同纠纷的处理存在两个乱象：合同属性认定不一；认定标准不一。一方面，法院对政府和社会资本合作合同法律属性存在民商事合同与行政协议两种不同的判定，即便是对同样以政府和社会资本合作合同法律属性为争议焦点的案件，各地法院的裁判也大不相同。另一方面，对政府和社会资本合作合同法律属性的判定缺乏统一的认定标准。2019年11月27日，最高人民法院发布了《最高人民法院关于审理行政协议案件若干问题的规定》（法释〔2019〕17号）（以下简称《行政协议司法解释》），尽管其对行政协议的定义为行政机关为了实现行政管理或者公共服务目标，与公民、法人或者其他组织协商订立的具有行政法上权利义务内容的协议，但实际上关于行政协议的判定标准并不明确。在现有的法律基础之上，法官倾向于运用自由裁量权，依据个案情况对政府和社会资本合作合同进行属性判断，并无一个统一、明确的标准。而且，从经济学层面看，政府和社会资本合作合同是一个不完全契约，政府和社会资本合作合同条款多且复杂，这更使得司法部门在事后很难核实和判断合同条款。[1]

第二，政府和社会资本合作相关立法冲突。对政府和社会资本合作合同法律属性认识的差异导致我国政府和社会资本合作相关立法存在一定的冲

---

[1] LIAO Z Z, GAO J K. "On the Reconstruction of the Specific Legislation of the PPP in China". China Legal Science, 2019（3）, p.3.

突。例如，在新机制出台前，财政部倾向于进行政府采购类政府和社会资本合作立法，国家发展和改革委员会（以下简称"发改委"）则倾向于进行特许经营类政府和社会资本合作立法，而对于实践中广泛应用的政府特许经营协议、政府采购合同的民事或行政法律属性的界定，理论界与实务界亦长期争执不休。尽管《行政协议司法解释》明确了实践中案件审理的制度基础，却并未明确政府和社会资本合作背后的法理基础。首先，在《行政协议司法解释》的出台过程中，对于政府和社会资本合作合同是否应当被纳入行政协议本身便存在着争议，相比于土地、房屋等征收征用补偿协议和政府投资的保障性住房的租赁等协议，对政府和社会资本合作合同本身的限定存在着极大的不确定性。其次，对行政协议的判定采用了主体要素、目的要素、内容要素（即权利义务要素）、意思要素（即双方协商一致）相结合的标准，但是由于上述标准存在定义模糊、范围过宽及是否合理的问题，符合上述标准的合同其本质也并非一定为行政协议。①

第三，政府和社会资本合作运行不规范。长期以来，我们片面强调政府和社会资本合作合同的行政法律属性，将政府和社会资本合作视为行政机关履行行政职责、实现行政目标的工具和手段，忽略了政府和社会资本合作合同具有的意思自治、平等合作、等价有偿等民商事要素。基于对政府和社会资本合作合同法律属性的错误认识，许多政府和社会资本合作项目在实施过程中存在背离政府和社会资本合作本质的问题。（1）对政府和社会资本合作的理解存在偏差。对政府和社会资本合作的理解发生错位，从而导致实践中政府和社会资本合作项目的运用发生两极分化：一是为了达到招商引资或政绩考核的目的，未做好前期评估，盲目地在不宜通过政府和社会资本合作进行建设的项目中应用政府和社会资本合作，混淆行政与市场的边界。二是认为政府和社会资本合作程序繁杂，政府方担心承担较大风险，对于本应采用政府和社会资本合作的项目却采取了传统的融资模式。（2）政府方过度干预。

---

① 王利明：《论行政协议的范围——兼评〈关于审理行政协议案件若干问题的规定〉第1条、第2条》，《环球法律评论》2020年第1期，第5—22页。

过分强调政府和社会资本合作合同的行政法律属性，不仅加剧了政府对项目公司法人治理及项目运行自主性的过度干预，还导致了既定项目建设内容的随意变更、以维护公共利益为幌子变更甚至解除已生效的政府和社会资本合作合同等问题；不仅严重拖延项目进度，甚至导致历时弥久的项目以失败收场，严重损害公共利益。（3）项目实施不规范。将政府和社会资本合作变相地充当政府融资的工具，尽管名义上属于政府和社会资本合作项目，但实际上社会资本仅提供资金支持，项目的建设和运营由政府方承担。

政府和社会资本合作合同的法律属性已经成为政府和社会资本合作项目实施中的一大重要法律风险问题，若不恰当解决，不仅会增加司法裁判的不确定性，还会加深社会资本参与政府和社会资本合作的顾虑，从而影响整个项目的实施。通过研究政府和社会资本合作合同法律属性，对政府和社会资本合作合同法律属性进行明确、合乎本质的定性，有助于明确政府和社会资本合作合同纠纷的法律适用范围，为政府和社会资本合作合同纠纷的争议解决指明方向，还可以提高社会资本参与政府和社会资本合作项目的积极性，从而促进政府和社会资本合作更好地推动我国基础设施建设。

研究政府和社会资本合作合同法律属性有助于政府和社会资本合作合同纠纷的司法应对与争议解决。根据我国现行的审判制度和司法体系，民事案件与行政案件在诉讼请求、举证责任分配、反诉制度等方面存在诸多差异。实践中经常出现因为对政府和社会资本合作合同法律属性认识的差异，导致纠纷一直在民事与行政程序之间来回空转而无法得到实质解决的现象。明确政府和社会资本合作合同法律属性，既能明确对应的纠纷解决程序，避免诉讼程序选择不明的尴尬局面，又可对影响政府和社会资本合作合同法律属性的各种因素（例如主体因素是否可以用于合同属性的判定、如何限定目的因素的范围、合同权利义务如何明辨等）准确进行把握，有助于在司法审判中更加精准地对案涉政府和社会资本合作合同法律属性进行判定。

政府和社会资本合作合同法律属性方面的研究成果有助于政府和社会资本合作的立法工作。政府和社会资本合作合同的法律属性问题是目前相关立法中的重要议题，涉及法律规则的选择和处理争议的法律程序等[1]，无法避免对政府和社会资本合作基本概念、合同属性、法律关系等核心问题的法理研究，我国现行的政府和社会资本合作相关立法尚不够系统和全面，部分规范性法律文件对于政府和社会资本合作合同法律属性的规定甚至存在矛盾之处。政府和社会资本合作合同法律属性是政府和社会资本合作基础理论的核心问题，对政府和社会资本合作合同法律属性进行总体上的界别认定，有助于确定我国政府和社会资本合作立法的总体基调。

二、国内外研究现状综述

（一）国内研究现状

法律属性问题关注的中心，是公法与私法在合同中的地位和作用。[2] 由于政府和社会资本合作合同中具有公法与私法的双重因素，对于政府和社会资本合作合同法律属性的研究便一直是学界的重要议题。民商法学者大多认为政府和社会资本合作合同的法律属性为民商事合同，而行政法学者则多认为其属于行政合同。随着对政府和社会资本合作合同认识的深入，也有许多学者认为政府和社会资本合作合同属于兼具民商事属性与行政属性的混合合同，甚至有部分学者提出政府和社会资本合作合同应当为经济合同。总之，对于政府和社会资本合作合同法律属性的观点各异，各是其所是，各非其所非。

1. 民商事合同说

民商法学者多认为政府和社会资本合作背景下的政府采购合同属于民商事合同。

---

①于安：《我国实行PPP制度的基本法律问题》，《国家检察官学院学报》2017年第2期，第84—94页、第172页。

②于安：《我国实行PPP制度的基本法律问题》，《国家检察官学院学报》2017年第2期，第84—94页、第172页。

王利明提出，应当以非市场性行为作为识别行政协议的关键要素，其认为行政协议不同于一般的民事合同之处在于，其本质上不是一种交易的产物，而是具有非市场性，这也使其与一般民事合同相区别。① 据此观点，政府和社会资本合作合同应当属于民商事合同，不宜将其纳入行政协议的范畴。第一，在订立政府和社会资本合作合同时，政府方与社会资本的法律地位平等，双方按照平等、自愿、等价有偿的原则进行交易，符合民事合同的本质特征。第二，政府和社会资本合作合同的订立、合同价款、合同的变更和解除、履行抗辩权的适用、违约责任的承担、纠纷的解决方式均适用《中华人民共和国民法典》（以下简称《民法典》）的相关规则。②

梁慧星认为，应当以是否为市场交易行为区分行政合同与民事合同，并认为政府采购合同不属于行政合同。行政合同的双方当事人都必须是行政机关或者被授予行政权的团体（如中介机构、行业协会），合同内容必须属于行政权力的行使行为。本质上属于市场交易的行为，即使一方当事人为行政机关（如政府采购合同中一方当事人为行政机关），即使法律规定实行强制签约（如粮食定购），也仍然属于民事合同，而与所谓的行政合同有本质区别。国家通过行政机关对某些市场交易行为进行适度干预，并不改变这些市场交易行为的性质，当然不可能使这些市场交易关系变成所谓的行政合同。③

崔建远认为，如果最接近合同的因果链条所蕴含和体现的是市场规律（如价值规律），如果该合同项下的权利义务呈现的是对等性而非隶属性和服从性，那么，就将该合同认定为民商事合同，而非行政合同。④ 崔建远经过研究认为，政府采购合同距离行政机关实现行政管理职能、公益性的目的更远，

① 王利明：《论行政协议的范围——兼评〈关于审理行政协议案件若干问题的规定〉第1条、第2条》，《环球法律评论》2020年第1期，第5—22页。

② 王利明：《论行政协议的范围——兼评〈关于审理行政协议案件若干问题的规定〉第1条、第2条》，《环球法律评论》2020年第1期，第5—22页。

③ 梁慧星：《民法学说判例与立法研究（二）》，国家行政学院出版社1999年版。

④ 崔建远：《行政合同族的边界及其确定根据》，《环球法律评论》2017年第4期，第21—32页。

而合同本身体现的是价值规律，合同权利义务具有对等性，而且合同原则上遵循市场规律，对等的权利义务关系占据重要位置、比重，故应将政府采购合同划归民商事合同之列。

民商法学者认为政府和社会资本合作合同属于民商事合同的观点主要基于以下几点：第一，政府和社会资本合作的本质是一种市场交易行为，需要遵循市场规律，市场竞争机制在政府和社会资本合作中同样适用。第二，政府与社会资本是基于平等、自由、有偿等原则订立的政府采购合同，二者风险共担、利益共享，居于平等的法律地位，政府也是权利义务的承受者。第三，政府和社会资本合作合同的诸多内容，如支付价款、违约责任、纠纷解决等都遵循合同自由、平等、公平、诚实信用、权利滥用之禁止及等价有偿等民事原则，①受到民商事法律规范的调整。

2. 行政合同（或称"行政协议"）说

杨解君等对行政合同进行了定义，即行政合同是指行政主体为了实现行政目的（或为公共利益目的）而与另一方当事人就行政上的权利义务互为意思表示并达成合意的法律行为。②根据该定义，政府特许经营协议和政府采购合同应属于行政合同。

邢鸿飞认为，政府特许经营协议当然是一种行政契约，它与私法合同的最大区别在于其行政性，而政府特许经营协议的行政性主要源自协议主体的特定性、协议目的的公益性及协议适用规则的公法属性。③第一，特许经营协议主体资格特定。特许经营协议是在行政主体实施行政管理活动的过程中形成的，其设立、变更和终止原则上离不开行政主体的活动，所以，这种协议对其主体的要求往往较为特定。第二，特许经营协议的目的是在平衡公共利益与企业利益、社会效益与经济效益的基础上，从公共产品、公共服务的

---

① 湛中乐、杨君佐：《政府采购基本法律问题研究（上）》，《法制与社会发展》2001年第3期，第19—30页。

② 杨解君、陈咏梅：《中国大陆行政合同的纠纷解决：现状、问题与路径选择》，《行政法学研究》2014年第1期，第61—68页、第79页。

③ 邢鸿飞：《特许经营协议的行政性》，《中国法学》2004年第6期，第56—63页。

社会价值和潜在的经济价值出发，实现财政资金的有效利用和各项资源的有效配置，这种以实现社会公共利益为目的的合同，与以个人利益为本位的民事合同存在本质区别。第三，特许经营协议的适用规则超越了私法范畴，特许经营协议是执行公务的契约，那些旨在实现当事人私人利益的私法契约所适用的规则不完全符合特许经营协议本质属性，不能为特许经营协议所适用。①

梁凤云认为，政府和社会资本合作合同是行政机关利用社会资本进行相关基础设施等投资合作的协议，是行政机关为实现相关行政管理目标签订的协议，②因此政府和社会资本合作合同属于行政协议。理由主要为：第一，政府和社会资本合作合同符合《行政协议司法解释》对于行政协议在主体、目的、意思、内容等要素方面的定位。第二，政府和社会资本合作合同中的特许经营协议属于法定的行政协议，该协议具有鲜明的公法性质。第三，政府和社会资本合作的行政法基础在于行政公产理论。行政公产一般是指以维持和增进社会公共福利为目的而供一般公众共同使用的公产。第四，域外对于政府和社会资本合作合同大多强调其公法性。③

李霞认为，研究特许经营协议的法律属性应当围绕合同的具体条款，结合合同主体、主体意思表示、合同目的、合同内容是否包含超越私法的规则等因素对合同性质进行综合判断。④根据该标准，特许经营协议符合行政合同的主体、目的、合同标的等构成要件。政府特许经营合同的双方当事人一方为主管部门——特许的授予方，另一方为特许经营者——特许的受让方；其目标体现出浓厚的行政性和公益性；政府特许经营是一种政府监管手段，政府特许经营协议的签订和履行本质上是行政主体通过合同方式来实现监管

①邢鸿飞：《特许经营协议的行政性》，《中国法学》2004年第6期，第56—63页。
②梁凤云：《行政协议司法解释讲义》，人民法院出版社2020年版。
③梁凤云：《公私合作协议的公法属性及其法律救济》，《中国法律评论》2018年第4期，第180—189页。
④李霞：《公私合作合同：法律性质与权责配置——以基础设施与公用事业领域为中心》，《华东政法大学学报》2015年第3期，第139—146页。

目标，履行公共服务职能，其所确立的是行政法上的法律关系；并且，政府特许经营协议中往往保留了大量的政府特权和主导性权利条款。[①]

整体而言，认为政府和社会资本合作合同属于行政合同的观点主要基于以下理由：第一，政府和社会资本合作合同的本质是绝对的行政关系，而非民商事关系，尽管合同中既含行政性要素，又含契约性要素，但契约只是形式和手段，行政才是实体和目的。[②]第二，政府和社会资本合作合同的主体之一为政府，政府具有特殊的主体资格，在政府和社会资本合作合同中与社会资本法律地位并不平等。第三，政府和社会资本合作合同目的具有公益性，政府和社会资本合作主要适用于基础设施和公共事业等重要的民生领域，政府和社会资本合作合同以实现社会公共利益为目的，通过对各项社会资源进行有效配置，从而实现公共服务或产品提供的成本更低、质效更高的目标。第四，政府在政府和社会资本合作合同中享有诸多特权，如为维护公共利益而单方变更或解除合同、对合同履行进行监督等，政府享有的这些特权无法受到私法规则的规制。

3. 混合合同说

政府和社会资本合作合同中，政府方既享有公法授予的公共管理职能，又具有对公共管理职能从属性的民事主体资格和民事权利能力，[③]因此其属于混合合同。

湛中乐等认为，政府和社会资本合作协议，不仅反映了公共部门与私人部门之间对于公共服务的买卖合同关系，还反映了私人部门作为公共服务的生产者和经营者与公共部门作为公共服务市场的监管者之间的管理与被管理关系，应属于兼具公法和私法性质的混合合同，双方当事人应同时受到公法

---

①李霞：《论特许经营合同的法律性质——以公私合作为背景》，《行政法学研究》2015年第1期，第22—34页。

②江必新：《中国行政合同法律制度：体系、内容及其构建》，《中外法学》2012年第6期，第1159—1175页。

③郑雅方：《论我国PPP协议中公私法律关系的界分》，《行政法学研究》2017年第6期，第35—43页。

和私法原则约束。①

余凌云认为，政府和社会资本合作采购行为乍一看好像是一般的商业行为，政府和社会资本合作合同也就是一般民事法律行为，然而这种分析虽然总体上不错，却往往过于笼统。采购契约在特定情况下与一般的商业契约有本质区别，这种区别源于政府采购行为除了具有经济性外，还具有一定的公益性。②

王春业认为，应当承认政府和社会资本合作合同的复杂属性。将政府和社会资本合作合同定性为行政协议赋予了行政机关以行政优益权，虽然有助于实现行政目标，但对于合作而言，破坏了政府和社会资本合作的平等合作关系和本该平等的政府和社会资本合作市场机制。而且，将政府和社会资本合作合同定性为行政协议使得只能通过行政诉讼程序审理政府和社会资本合作纠纷，行政诉讼的单向性强化了行政优益权的行使，影响了当事方解决纠纷的处分空间，难以实现社会资本方对损失救济的合理预期。③

刘飞认为，财政部印发的《PPP项目合同指南（试行）》编制说明部分已经提出，政府和社会资本合作是政府向社会资本采购公共服务的民事法律行为，构成民事主体之间的民事法律关系。政府作为公共事务的管理者，在履行政府和社会资本合作项目的规划、管理、监督等行政职能时，与社会资本之间构成行政法律关系。就作为基础性协议的政府和社会资本合作合同而言，其同时包含有公法性与私法性因素就应当是一种常态。单纯认定其具有某一方面法律性质的观点都难以成立。④而对于政府和社会资本合作合同的法律规制，则有学者提出可以借鉴德国的双阶理论，将其分为两个不同的阶

---

① 湛中乐、刘书燃：《PPP协议中的法律问题辨析》，《法学》2007年第3期，第61—70页。

② 余凌云：《行政契约论》，中国人民大学出版社2006年版。

③ 王春业：《行政协议司法解释对PPP合作之影响分析》，《法学杂志》2020年第6期，第59—68页。

④ 刘飞：《PPP协议的法律性质及其争议解决途径的一体化》，《国家检察官学院学报》2019年第4期，第93—105页。

段分别进行规制。[①]

持混合合同说的主要理由是，政府和社会资本合作合同中既包含政府与社会资本之间关于公共服务的平等合作关系，还包含社会资本作为公共服务的生产者和经营者与政府方作为公共服务的市场监管者之间的管理与被管理关系，兼具公法属性和私法属性，同时受到公法和私法原则的约束。[②]因此，政府和社会资本合作合同应当属于混合合同。

4. 经济合同说

有学者认为公法与私法二元思维模式无法解决政府和社会资本合作中的利益冲突，[③]混合合同说无法切实反映政府和社会资本合作合同的性质，由此提出了政府和社会资本合作合同属于经济合同的观点。

徐孟洲认为，政府和社会资本合作是政府为增强公共产品和服务供给能力、提高供给效率，通过特许经营、购买服务、股权合作等方式，与社会资本方建立的以利益共享、风险分担为特征的长期经济合作关系。[④]第一，现代经济的本质特征突出表现为经济性、公共性、公法私法包容性和规制性等，而政府和社会资本合作中包含的基础交易关系、融资关系、特许权合同关系三大类社会关系均属于经济关系而不是行政关系。第二，政府和社会资本合作适用领域主要是政府提供公共产品服务的范围，而这正是经济法体系中发展规划法、预算法、政府投资法、政府采购法和金融法的适用范围。第三，政府及公共部门与社会资本方的私主体部门之间的公共服务合作关系，既反映平等主体之间的经济关系，又反映了私人部门作为公共服务的生产者和经营者与政府及公共部门作为公共服务市场的监管者之间的管理与被管理关

[①] 满艺珊：《我国 PPP 协议的法律属性及规制研究——基于对双阶理论的借鉴》，《行政法论丛》2018 年第 1 期，第 178—191 页。

[②] 湛中乐、刘书燃：《PPP 协议中的公私法律关系及其制度抉择》，《法治研究》2007 年第 4 期，第 3—11 页。

[③] 胡改蓉：《PPP 模式中公私利益的冲突与协调》，《法学》2015 年第 11 期，第 30—40 页。

[④] 徐孟洲：《论政府和社会资本合作关系的经济法调整》，《中国法律评论》2017 年第 1 期，第 47—50 页。

系，实属兼具公法和私法性质的混合关系，双方当事人应同时受到公法和私法原则约束。这正好符合经济法的公法和私法相包容的特性。[1]

张守文认为，基于政府和社会资本合作的公共性，从经济法的维度对特许经营协议进行动态和整体的解析，可以发现其具有经济法性质并可归入经济法上的合作协议。特许经营协议的履行，离不开经济法上的财政补贴、税收优惠、金融保障、产业扶持、竞争规制等诸多制度安排，甚至上述经济法制度会直接影响政府和社会资本合作项目的启动、持续和完成，而这些补贴、优惠、保障和扶持则体现了公共部门的职责及公私两个部门能够合作的前提。并且，与上述制度安排相对应的是经济法上的经济调制权，而非行政法上的行政管理权，因此，应超越传统行政法，从经济法的维度进一步认识特许经营协议的性质与定位。[2]

陈乃新等认为，根据《基础设施和公用事业特许经营管理办法》，政府和社会资本合作合同中的特许经营协议作为一种公私合作经营合同，旨在提高社会经济效益，以为社会提供更多良好的公共产品、最终实现公私合作共赢为目标。因此，兼顾公私利益并注重增量利益中的公私利益是其本质所在，也是界定其法律性质的关键。[3]特许经营协议本质上是关于劳动力孳息同创共享的经济合同。

史际春等认为，需要将这类公私融合——融当事人意思自治、财产因素等与公共性、国家意志性、政策性等因素为一体的合同界定为经济法上的合同，[4]将政府和社会资本合作合同定性为行政协议或民事合同都不能解释公法因素与私法因素共存的现象。

---

① 徐孟洲：《论政府和社会资本合作关系的经济法调整》，《中国法律评论》2017年第1期，第47—50页。

② 张守文：《PPP的公共性及其经济法解析》，《法学》2015年第11期，第9—16页。

③ 陈阵香、陈乃新：《PPP特许经营协议的法律性质》，《法学》2015年第11期，第24—29页。

④ 史际春、肖竹：《公用事业民营化及其相关法律问题研究》，《北京大学学报（哲学社会科学版）》2004年第4期，第79—87页。

持经济合同说的学者在一定程度上赞同混合合同说的观点，承认政府和社会资本合作合同中既包含私法性质的内容，又包含公法属性的内容。但是，在混合合同说观点基础之上，经济合同说的学者认为，政府和社会资本合作合同注重提高社会经济效益，为社会提供了更多良好的公共产品，最终实现公私合作共赢。政府与社会资本之间的公共服务合作关系正好符合经济法的公法与私法相包容的特性。

目前学界主要存在上述四种关于合同法律属性的学说观点，在我国实行民事诉讼与行政诉讼相分离的制度背景下，按照司法最终原则，应当把争议处理作为确定法律属性的着眼点。政府和社会资本合作合同属于普通民商事合同还是行政合同，就成为设计法律制度的基本出发点。[①]这也是本书对于政府和社会资本合作合同法律属性研究的焦点。社会进步导致社会关系的复杂性加强，特别是在市场经济下，为了服务经济的发展，公法规定和私法规范融合在一起，成为法律实践的新常态。但根深蒂固的传统二元法结构理论始终影响着学者对政府和社会资本合作合同法律属性的判断。

（二）域外研究现状

随着政府和社会资本合作的发展，政府和社会资本合作合同法律属性问题成为该模式在发展中必须面对的棘手问题。不同国家具有不同的国情与文化，处于不同的法域，对于政府和社会资本合作合同法律属性的理论与实践也大相径庭。

1. 英国

英国政府和社会资本合作合同体系重在发挥法律作用，在指引的基础上进一步细化政府和社会资本合作政策和特定领域事宜。[②]合同法在英国是一部基本法律，既不在民法范围内，也不在行政法的范围内，因此英国没有民

---

① 于安：《我国实行 PPP 制度的基本法律问题》，《国家检察官学院学报》2017 年第 2 期，第 84—94 页、第 172 页。

② 蔡今思：《英国 PPP 模式的构建与启示》，《预算管理与会计》2015 年第 12 期，第 47—51 页。

商事合同与行政合同之说。受英美法系根深蒂固的影响，英国没有独立的行政法部门，合同法的绝大多数内容同样可以适用于政府。PFI 合同作为体现私法精神与规则的行为方式，呈现出私法方对行政法关系的平等和互惠。[①]

尽管英国不存在私法、公法之划分，契约自由同样适用于政府和公共部门组织，但是在制定合同标准的强制性规定上，政府始终发挥着积极主动的作用，体现了一定的公权力色彩。政府制定 PFI 标准合同与 PF2 标准合同，并赋予其强制效力，不允许 PFI 双方主体随意改动合同条款。

虽然英国没有颁布统一的合同法典，所有合同都要受一般合同法律制度的限制，但是仍然有一些成文法对 PFI 合同作出了一些规定，为签订与履行 PFI 合同、政府的管理权力提供了法律依据。鉴于此，也有人对比大陆法系的做法，将 PFI 合同归为行政合同，认为英国 PFI 合同在很大程度上属于行政合同。从合同目的来看，英国 PFI 合同的订立目的是实现国家行政管理；从合同签订与履行过程来看，英国 PFI 合同的签订需要经过政府严格的审批程序；从合同形式来看，英国 PFI 合同由政府部门确定固定格式，私人部门对这些条款并没有讨价还价的余地；从合同纠纷处理来看，英国对建立在私法与公法上的 PFI 合同分别采用了不同的处理程序或双重标准。当合同一方当事人为承担公共职责的公共部门时，尤其是涉及需要限制政府自由裁量权及需要议会拨款的合同时，就会适用不同的处理程序，即司法审查程序。[②]鉴于英国法律体系的特殊性，英国并未对 PFI 合同属性进行划分，但从部分成文法的规定、标准合同的强制性及纠纷解决程序上看，英国的 PFI 合同归属于私法领域，合同法律属性为民商事合同。

2. 美国

虽然美国与英国同属于英美法系国家，但是对于政府和社会资本合作合同法律属性问题，两个国家还是有所差别的。在美国，政府和社会资本合作

[①] 莫莉：《英国 PPP/PFI 项目融资法律的演进及其对中国的借鉴意义》，《国际商务研究》2016 年第 5 期，第 53—64 页。

[②] 黄志豪：《英国 PFI 法律制度与实践研究》，华东政法大学 2019 年博士学位论文。

采购主要适用公共采购法，而依据公共采购订立的合同属于政府合同，也可称为公共合同，所以政府和社会资本合作合同也属于政府合同。因为其订立与履行涉及公共利益，所以美国立法上将其设计为独立于民商事合同的特殊合同。[①] 政府合同最重要的原则是维护合同程序的公正性，甚至不惜以放弃极大的便利为代价。[②] 若没有依据法定的程序订立或采购流程未保证充分竞争，则政府合同将可能被认定为无效。政府享有是否与投标人签订政府合同的主动权。通常情况下，政府并不会主动提出要约，而是处于受要约人的地位。在整个采购流程中，政府有充裕的时间确定哪一投标或建议将给公众带来最大的益处。政府在特定情形下有权终止政府合同。为了保障政府的利益，政府有权随时终止合同，此类终止被称为"便利政府终止"。除政府之外，其他任何合同当事人都不享有此特殊权利。在美国，政府和社会资本合作合同作为政府合同的一类，其签订和履行明显区别于民商事合同。

3. 法国

在法国，以公务理论为中心，行政合同必须与公务有关，在签订行政长期租赁合同、临时占用许可合同、公共服务特许合同这些关乎民生建设的合伙合同时会受到行政法的约束，行政机关的自由裁量权亦会受限。法国的合伙合同是所有政府付费的政府和社会资本合作的统称，[③] 延续了行政合同的特点，在价值取向上偏向于保护公共利益。法国于 2004 年颁布了一项特别法令，首次在政府采购与政府特许经营这两种传统公共采购模式之外创建了一种新型公共采购模式，即合伙合同，以更好地调动市场的力量建设公共设施、提供公共服务。依据该法的定义，合伙合同系一个行政契约，国家或国家的公务机构透过此合同，于投资偿还期限内或用资金回收方式加以计算出的确

[①] 刘承韪：《美国公私合作关系（PPP）的法治状况及其启示》，《国家行政学院学报》2018 年第 4 期，第 140—146 页、第 152 页。

[②]［美］Daniel J.Mitterhoff：《建构政府合同制度——以美国模式为例》，杨伟东、刘秀华译，《行政法学研究》2000 年第 4 期，第 87—97 页、第 77 页。

[③] 李欣、陈新平、于雯杰等：《国外 PPP 法律文本解析》，中国财政经济出版社2017 年版。

定期限内，赋予第三人关于公共服务必须的投资、建设、维护、管理等整体任务。法国合伙合同的方法指南第 1.2.4 条规定："合伙合同是依法成立的行政合同。"①

4. 德国

德国联邦政府构建公私合作合同法，在行政程序法层面上规范公私合作的合同类型和条款。在公私合作契约属性的判断上采用了双阶理论，将公私法交会处的行政活动分为前后两个阶段，前一阶段为决定阶段，后一阶段为履行阶段，决定阶段适用公法，而履行阶段适用私法，即"行政处分＋民商事合同"模式，分别辅之以不同的争议解决途径。这样就必须面对一个事实，即不同法律属性的法律关系都必须透过个别的请求权加以区分。

5. 意大利

意大利的政府和社会资本合作受欧盟关于政府和社会资本合作立法的影响较大，其立法也多源于欧盟相关指令。现行意大利国内规制政府和社会资本合作的效力最高的法律为 2016 年新《公共合同法典》。新《公共合同法典》以合同目的作为判断公共合同的标准，凡是以实现公共任务为主要目的的合同均被划分为公共合同，如行政机关的承包合同、特许经营合同，以及招标人采购服务、商品、工程的合同。换句话说，公共合同既包括传统的政府采购合同、特许经营合同，也包括政府和社会资本合作合同。在意大利，政府和社会资本合作合同被归属于公共合同。新《公共合同法典》并没有对公共合同的法律属性做出明确规定，但是实践中，意大利法学界都将公共合同视为行政合同，主要表现在与公共合同相关的争议解决上。根据意大利《行政诉讼法典》的规定，意大利行政诉讼的目的是保护与公共利益直接相关的个人利益，监督和控制公共基金的使用。该法的规定直接决定了与公共合同有

---

① *Le Contrats de Partenariat*：*Guide Methodologique* 1.2.4：Le Contrats de Partenariat est d'boad un contrat administratif par determination de la loi.

关的争议解决适用行政诉讼法。[①]

6. 日本

日本在推进政府和社会资本合作发展的过程中，大多数是以成文的法律形式加以管理。基于这一特点，日本相关立法具有显著的国家主导的特点，政府对项目范围和模式的管理较为严格。从政治体制的角度分析，日本属于中央集权制国家，政府更加注重在政府和社会资本合作项目推进中的主导作用，对项目的所有权和控制权保持高度集权。私人部门参与 PPP/PFI 项目建设的前提是获得国家特许经营权，而且，私人部门即使被授予项目建设、经营的权利，依然要接受政府的严格监管。在日本，PFI 合同通常被视为一种行政合同。亦有日本学者认为日本《PFI 推进法》的核心在于运营权，而运营权强调的是平等主体之间的权利义务，故而日本政府和社会资本合作合同属于混合合同，兼具民事与行政属性。[②]

7. 欧亚经济联盟

由俄罗斯、白俄罗斯、哈萨克斯坦、吉尔吉斯斯坦、亚美尼亚组成的欧亚经济联盟的大多数国家通过法律引入政府和社会资本合作。这些国家狭义地看待政府和社会资本合作，认为政府和社会资本合作的唯一表现形式是政府和社会资本合作合同，而政府和社会资本合作合同的主要目的是实施基础设施项目的设计、建造和（或）重建、运营维护。政府和社会资本合作合同是一个公共部门与一个私主体之间签署的民商事合同，受以当事人法律平等为基础的财产关系的法律管辖。[③]

---

① 罗冠男：《意大利 PPP 法律制度研究》，《行政法学研究》2017 年第 6 期，第 23—34 页。

② 王天义、杨斌：《日本政府和社会资本合作（PPP）研究》，清华大学出版社 2018 年版。

③ LISITSA V, MOROZ S. "Legal Regulation of Public Private Partnership in Russia and Other Countries of the Eurasian Economic Union". Russian Law Journal, 2019（3），pp.53−81.

因不同国家的法律体系不同，政府和社会资本合作合同在不同国家表现出不同的形式和属性，即便在法律体系相同的国家之间，其表现往往也大相径庭。不同的法系之间甚至相同法系的国家之间，对政府和社会资本合作合同法律属性都有不一样的看法。

第一章 政府和社会资本合作合同法律属性纷争引发的现实困境

第一节 政府和社会资本合作的渊源与概念辨析

在自由法治国家时期或更远的警察国家时期，"自由放任"的治理政策在自由主义思想的影响之下得以奉行，同时，出于对各邦君王和诸侯的憎恨，[1] 政府仅对人民依据道德、社会义务、自律原则无法规制的事务进行治理，例如外交。此时的政府主要通过单方强权来执行行政任务，履行行政职责。[2] 早在20世纪30年代，凯恩斯（John Maynard Keynes）提出了国家应当主动对经济活动进行干预的主张，这一理论在"二战"结束后受到西方资本主义阵营的青睐，导致各国不同程度地开始由自由经济政策向垄断经济政策转变。在这样的经济环境下，政府职权得到进一步扩张，对经济、对社会的干预程度空前加强，这些西方国家开始从自由法治国家进入社会法治国家。在此背景下，政府对社会的干预覆盖了社会生活的整个领域，不再局限于基本的秩序和国防。国家除了对公民基本的防御性自由权进行保护之外，还需要充分

---

[1] ［德］奥托·迈耶：《德国行政法》，刘飞译，商务印书馆2013年版。
[2] 陈军：《行政形式选择自由理论探析——基于公私合作视角》，《北方法学》2014年第6期，第112—117页。

保障公民生存的基本条件，为此国家制定了一系列福利政策以实现社会分配公平，政府职能定位开始发生变化，服务型行政兴起。

随着服务型行政的发展，行政任务不断增多，行政机构不断扩增，行政权出现爆炸式的膨胀，进而导致财政赤字不断增加，出现了"行政国家"。到 20 世纪 60 年代中期，"行政国家"的副作用越发明显，政府的公信度不断下降，西方国家掀起了一场新自由主义思潮运动——新公共管理运动。新公共管理运动的核心是改变政府单方高权的行政模式，向以公众需求为导向的服务模式转变。在新公共管理运动的推动下，行政任务开始向着民营化的方向发展，政府开始在履行职权的过程中吸纳社会资本的资金、技术等力量用以分担政府权力，社会法治国家开始向合作国家转变。国家与社会开始大范围地展开合作，层级差距逐渐缩小，国家更多地成了公共利益保护的合作方，而非单方提供方，通过与私人之间的合作，共同分担提供人民基本生活所需的任务。政府引入社会资本，通过管制、引导和监督等方式，以实现由政府单方提供公民基本所需向政府与社会合作提供方式的转变。公共部门与社会资本的相互合作开始成为行政改革的趋势，政府和社会资本合作逐渐成为公共行政的新手段。

一、政府和社会资本合作的渊源

不同机构看待政府和社会资本合作的侧重点不尽相同。联合国侧重政府和社会资本合作的结果，欧盟侧重合作方之间的关系，唯有探究政府和社会资本合作与各国的历史渊源，才能更好地理解政府和社会资本合作的内涵。

（一）政府和社会资本合作之起源——英国

PFI（Private Finance Initiative，民间主动融资）起源于英国，由时任财政大臣诺曼·拉蒙特于 1992 年的财政部秋季汇报（Autumn Statement）[1] 中提

---

[1] 莫莉：《英国 PPP/PFI 项目融资法律的演进及其对中国的借鉴意义》，《国际商务研究》2016 年第 5 期，第 53—64 页。

出。[①]在 PFI 模式下，私人部门通过与公共部门签订 PFI 合同，承担本应由公共部门负责进行的公共产品（或服务）的项目投融资、设计、建设、运营等任务。公共部门通过与私人部门建立合理的风险负担与利润分配机制，利用私人部门的资金、技术和管理提供公共产品（或服务），从而达到缩减公共支出、减轻政府行政压力及使社会公众受益的目的。

2000 年，为进一步促进私人部门参与公共服务，英国政府在《公私合伙关系——政府的方法》（Public Private Partnerships—the Governments Approach）中提出了政府和社会资本合作的概念，并将 PFI 视为政府和社会资本合作的一个重要部分。[②] PFI 模式改变了基础设施建设等公共产品（或服务）必须由公共部门提供的传统，创造性地打造了私人部门参与公共部门提供公共产品（或服务）的新模式，在一定程度上解决了由政府提供公共产品（或服务）高成本、低质效的问题。1997 年以来，英国持续推行 PFI 的相关政策，积累了上千个 PFI 项目实践经验。

1. 英国 PFI 的萌芽背景

第二次世界大战以后，英国政府面对当时萧条的经济环境，选择实施以政府主动干预经济为核心的凯恩斯主义。为增进就业、促进经济崛起，英国政府通过发行大量的政府性债券或加大政府借款的手段来增加政府的公共支出，同时对公共项目进行大刀阔斧的改革，对诸多原本由私人部门提供产品或服务的行业如钢铁、电力、采矿、通信等进行国有化改革，使得国有企业成为当时政府实现行政管理的工具。虽然国有化改革在一定程度上促进了就业、发展了经济，但由于政府后续的一系列措施，国有企业的生产和经营受到了过度的干预，出现了生产效率低下、市场失灵等一系列问题，最终国有企业的市场性与公共性失衡，从而导致英国经济发展出现放缓甚至滞后的

---

①英国财政部每年需向国会汇报经济情况预测及财政预算等重要财政事宜，在 1982—1992 年间汇报的时间为秋季，故被称为"秋季汇报"。

②HM TREASURY."Meeting the investment challenge".Public Private Finance，2003（76），p.11.

情况。

面对国有经济体系庞大、经济运行效率低下、通货膨胀严重、政府债务高企等问题，英国政府开始减少政府债务，减少公共支出，并采取了紧缩的货币政策，同时对国内各行业进行了大规模的民营化改革。[①] 英国公共部门经历了一场结构与领域范围的深度改革，这场改革以企业经营为理念，改变传统的集权方式，探索公共部门管理的新方法，最大限度地引入社会力量，以提高公共部门的运行效率。

2. 英国 PFI 法律制度的形成与演进

1992 年，英国财政大臣诺曼·拉蒙特在财政部的秋季汇报中宣布，政府将正式启动"私人融资动议"，鼓励私人部门参与提供公共产品（或服务）。至此，PFI 被正式提出。从本质上来说，PFI 意味着公共部门的性质、地位与功能发生了根本性转变——从公共产品（或服务）的提供者转变为公共产品（或服务）的购买者。公共部门改革以英国推行 PFI 制度为前提，没有这种公共部门的观念与制度的转变，就没有 PFI 制度的立足之地。但是，在面对私有化改革出现的一系列弊端时，英国政府并未进行深刻的反思，反而进一步扩大私有化程度，加快私有化进程，导致英国经济再次出现问题，不仅经济衰退，而且公共支出不断增加，引来了当时英国民众的诸多抱怨。

1997 年以后，英国政府对 PFI 的热情依然高涨，在布莱尔推进"合作政府"改革及政府大规模推进 PFI 项目的背景下，英国的 PFI 法律制度基本形成。"合作政府"将公共部门、私人部门、志愿组织、个人联合起来，形成相互包容、相互协调的合作机制，开展了以顾客为导向的公共产品（或服务）改革。在继续积极推进 PFI 政策的基础上，为了扩大 PFI 的适用范围，正式引入政府和社会资本合作的概念，以覆盖所有私人部门参与或替代公共部门提供公共产品（或服务）的情形。1999 年，为明确公共部门与私人部门之间的权利义务关系、风险与利益的衡平标准、主要合同条款等，以及为 PFI 项目主体

---

① 黄志豪：《英国 PFI 法律制度及实践研究》，华东政法大学 2019 年博士学位论文。

签订合同提供一个较为完备的模板，英国财政部颁布了第一版《PFI 标准化合同》（后经修订，分别于 2002 年颁布了第二版，于 2004 年颁布了第三版，于 2007 年颁布了第四版）。[①]

2000 年，为了进一步明确 PFI 的实施范围，英国政府发布了《公私合伙关系——政府的方法》，从三个方面对政府和社会资本合作给出定义。2004 年，为规范对 PFI 的评估、论证，英国财政部推出了《物有所值评价方法》。尽管 PFI 对英国的经济改革和政府职能的转变起到了显著作用，但也一直存在诸多争议，时常被议会、政府部门批评，主要问题包括项目进度缓慢、项目成本高筑、风险负担与利益分配机制不合理等。此后，2008 年的美国次贷危机、2009 年的欧洲主权债务危机给英国的 PFI 模式带来了巨大的冲击，大量的 PFI 项目被迫叫停。

2011 年 12 月，英国财政部宣布进行 PFI 改革，并向海内外机构及个人寻求建议。2012 年 12 月，英国财政部发布《公私合作的新方式》，[②]正式推出 PF2 模式（Private Finance 2）。[③]相比于 PFI 模式，PF2 具有以下特点：（1）政府部门不再是单纯的公共产品（或服务）的购买者，而是开始在项目中少量持有股份，成为项目的投资人，从而获得 PFI 项目重大决策的参与权。（2）采取措施，增强项目采购效率。（3）增加项目的透明度。要求在相关网站上披露项目审批情况，要求私人部门公布收益信息、项目年度报告及财务信息等，以保障财务透明。[④]（4）优化风险机制。为了实现金钱与价值等价的目的，将法律变更、环境污染等风险转嫁给公共部门，由公共部门承担更多的管理风险。尽管 PF2 模式与 PFI 模式相比有很大程度的改进，但收益甚微，2018 年，

①HM TREASURY. "Standardisation of PFI Contracts Version 4".2022 年 6 月 21 日，http://www.hm-treasury.gov.uk.

② 莉莉：《英国 PPP/PFI 项目融资法律的演进及其对中国的借鉴意义》，《国际商务研究》2016 年第 5 期，第 53—64 页。

③ 李明哲：《评英国 PFI 改革的新成果 PF2》，《技术经济》2013 年第 11 期，第 76—80 页。

④ 李玉凤、谭萍：《PF2 融资模式及在中国的应用前景》，《理论经济导刊》2015 年第 3 期，第 132—133 页、第 142 页。

因债务危机、资本市场流动性等问题，英国政府宣布不再使用 PF2 进行公共产品（或服务）的采购。[①]

英国 PFI 和 PF2 的发展为各国政府和社会资本合作的运用提供了宝贵的实践经验。英国虽然叫停了 PF2 模式，但并不代表其对政府和社会资本合作的完全否定。2013 年，时任英国财政部大臣乔治·奥斯本曾提出，未来将有上千亿英镑的基础设施投资计划，一半的资金将源于社会资本，政府支持能够真正实现物有所值和有效风险转移的政府和社会资本合作项目。

（二）政府和社会资本合作在其他域外国家和地区的发展

1. 美国

政府和社会资本合作在美国并非新生事物，美国的很多公共基础设施建设项目都通过签订合约的形式引入私人部门参与。在诸多历史原因的综合作用下，美国政府和社会资本合作的发展并非一帆风顺。在美国，通过政府和社会资本合作进行基础设施建设一直是个存在争议的话题。20 世纪 90 年代，基础设施建设的私有化和政府放松管制被视为解决政府公共部门基础设施建设低效问题的灵丹妙药，然而，私有化带来的一些弊端和危机也使得反对的声音一直存在。

从美国联邦政府层面推进政府和社会资本合作的历史来看，美国在发达国家中属于推进政府和社会资本合作时间比较晚的。美国从联邦政府层面开始推广政府和社会资本合作始于 1998 年。当时，克林顿政府制定了《联邦政府活动目录改革法》，规定将可以委托给私人部门的业务公开化、清单化，以此为契机拉开了推广政府和社会资本合作的序幕。2000 年以后，由于财政运营形势日益严峻及基础设施不断老旧，政府和社会资本合作得到迅速推广。特别是在交通领域，2014 年，奥巴马政府提出了"建设美国投资倡议"，旨在促进政府和社会资本合作建设及运营基础设施，并设立了"交通投资中心"和"水基础设施融资中心"等能够一站式提供信息的窗口，加快推进政府和

---

① ［英］达霖·格里姆赛、［澳］莫文·K. 刘易斯：《PPP 革命：公共服务中的政府和社会资本合作》，济邦咨询公司译，中国人民大学出版社 2016 年版。

社会资本合作的发展。从规模来看，美国政府和社会资本合作的项目总额低于英国、澳大利亚、西班牙、印度，与大部分欧洲国家水平相当。

2. 法国

20 世纪 90 年代起，政府和社会资本合作在法国萌芽。特许经营作为法国历史悠久的政府和社会资本合作方式，规模一直比较庞大。[①] 在法国，参与政府和社会资本合作项目需从政府获得经营和管理基础设施资产的授权。法国是使用者付费类特许权模式应用最成熟的国家之一，其特许权模式被世界银行称为"法国模式"。特许权模式是法国建设、管理公共服务和基础设施最普遍的模式。目前，法国几乎所有的公共服务都向特许权者开放。其实早在 17 世纪，法国就将特许权模式运用于军舰建造和港口等基础设施建设。18 世纪，法国开始运用特许权模式建造运河和桥梁。19 世纪，对特许权模式的运用逐渐扩大到铁路、供水、照明等领域。法国特许权模式的兴起与当时的经济、社会背景有关：一是为了解决国家经济社会发展过程中公用基础设施供应增加的需求和有限的国家财政之间的矛盾；二是为了解决社会公众对公共服务质量不断提高的诉求和现有基础设施老旧之间的矛盾；三是为了解决公共服务本身降低成本、提高效益的需求与政府直接提供的公共服务低效率、高成本之间的矛盾。作为大陆法系国家，法国在政府和社会资本合作的实践过程中出台了多部法案。在监管方面，法国政府建立了独立的政府和社会资本合作机构，负责协助公共部门谈判，并为政府和社会资本合作项目的顺利推进提供服务与支持。

3. 德国

德国官方对是否推行政府和社会资本合作一直存在争议。2004 年，德国成立了联邦竞争中心，这个机构的成立推动了政府和社会资本合作在德国的发展。德国以上下协调、多层激励的方式推动和发展政府和社会资本合作。长期以来，德国联邦政府通过建立各式各样的政府和社会资本合作促进机构，

---

① 李欣、陈新平、于雯杰等：《国外 PPP 法律文本解析》，中国财政经济出版社2017 年版。

致力于推进政府和社会资本合作事业的发展。这些政府和社会资本合作促进机构主要分为四类：一是大多数联邦州都会成立的政府和社会资本合作工作小组。政府部门通过向州和市镇一级的机构提供建议或者帮它们组织研讨会的形式提供帮助。二是德国政府和社会资本合作公司。这是一个为公共部门和私人部门提供咨询服务的机构，是在德国联邦政府的指导下成立的。这个机构的职责就是加强和促进德国国内政府和社会资本合作事业的发展，通过在项目的早期提供咨询的方式，帮助公共部门确定是否应该使用政府和社会资本合作这种模式。三是德国联邦交通部成立的交通基础设施融资公司。这是一家通过交通运输设施盈利来融资的私人公司。这家公司的任务就是管理和分配通过征收重型车辆费所筹集的收入，推动政府和社会资本合作的发展。四是联邦国防部下属的政府和社会资本合作发展和驱动公司。德国的政府和社会资本合作十分明确地将国防部的项目单独列出，而这家公司的主要职责是为德国军队和国防部提供一些民用设施，保证民用设施的提供能够高质高效，其目的是通过提高民用设施和服务水平来增强德国军队的整体力量。该公司不仅负责军队的政府和社会资本合作项目，还负责私有化及其他与私人部门的合作。

德国一直致力于起草一部新的政府和社会资本合作简化法案，该法案除了包含现有的相关规定外，还计划加入关于政府和社会资本合作税收方面的规定，以期更全面地促进政府和社会资本合作的发展。虽然该法案还没有出台，但是其中的一些方面已经开始通过部门条例的形式加以实施，如《联邦医院融资法案》《联邦投资法案（2008）》。德国政府和社会资本合作项目在实施过程中遇到了许多法律方面的障碍和难题，其中有些难题在《公私合作促进法》中已经得到解决，有些税收方面的问题则通过《公司税修订法案（2008）》得到解决。尽管如此，德国现行法律中仍然有一些阻碍政府和社会资本合作正常展开的规定，特别是融资法和税法在某些方面设障较多。

4. 欧盟

在欧盟，政府和社会资本合作仅被认作公共基础设施建设、运营由公营化向民营、私营转化的一种方法，尽管丰富、复杂，但仍然属于政府采购和特许经营的范畴，故而欧盟不愿制定单独的政府和社会资本合作法规对其进行规制，而是以政府采购、特许经营等法律框架为基础，通过细化和完善具体适用情形来构建适用于政府和社会资本合作的法律制度。[①]欧盟于2004年颁布了《2004公用事业采购指令》（2004/17/EC），增加了为政府和社会资本合作招标的专属的竞争性谈判程序，以满足招投标程序的特殊要求。2014年2月，欧盟颁布了适用于特许经营和政府采购的三个指令《2014公共部门采购指令》（2014/24/EC）、《2014公用事业采购指令》（2014/25/EC）和《2014特许经营指令》（2014/23/EC），进一步增强了政府和社会资本合作的法律确定性，简化了相关法律程序。不过，由于欧盟各成员国都有自己的法律体系，各成员国对于欧盟的政府和社会资本合作立法模式并不完全认可。

二、政府和社会资本合作的概念辨析

（一）政府和社会资本合作的概念界定

政府和社会资本合作（Public Private Partnership）是一个集合性的描述概念，源自英美国家的公私合作，亦有学者将其称为公私合作关系、伙伴关系。[②]在我国，一般称之为政府和社会资本合作。由于经济形态、基本国情的差异，不同国家和地区对政府和社会资本合作有着不同的定义，目前还没有一个统一的概念。

1.域外的政府和社会资本合作概念

英国财政部将政府和社会资本合作定义为公共部门与私人部门的协同工作安排。英国财政部发布的《公私合伙关系——政府的方法》从三个方面解释了政府和社会资本合作：一是将私人部门引入公共部门；二是利用私人部

[①] 周芬：《PPP公共采购法律规制的理论与政策——基于欧盟经验的研究》，中央财经大学2015年博士学位论文。

[②] MUTEK M W."Implementation of Public Private Partnering".Public Contract Law Journal，2001（4），pp.557-584.

门的资金、技术与管理优势，发展私人部门的商业潜能；三是公共部门为此付出一定对价进行购买。[1]

美国联邦交通局对政府和社会资本合作的定义是，能够让私人部门参与进来的公共部门和私人部门在合同基础上达成的一种契约关系。契约一般是指公共部门和私人部门为了设施或系统的维修、施工、运营、维护及管理而签订的合同。设施或系统的所有权通常为政府所有，但私人部门被赋予完成工程或任务的方法的决定权。

在德国，政府和社会资本合作指公共部门和私人部门长期的基于合同管理的合作，结合各方必要的资源并根据项目各方风险管理能力合理分担项目存在的风险，从而有效地满足公共服务需要。

加拿大对政府和社会资本合作还没有形成统一的定义。加拿大政府和社会资本合作理事会在广义上将政府和社会资本合作定义为：公共部门和私人部门基于各自的经验建立的一种合作经营关系，通过适当的资源配置、风险分担和利益共享，以满足公共的需求。加拿大政府和社会资本合作中心给出的定义是：政府和社会资本合作是一种可以改善公共基础设施建设长期绩效的方法，从设计、建设、融资到长期维护和实施的整个过程中，私人部门对基础设施的交付和运营承担主要的风险与融资责任。[2]

日本在《PFI 推进法》中将 PPP/PFI 定义为在公共设施的改进等方面高效且优质地引入私人部门，利用其资金、管理和技术，确保向国民提供低成本且优质的服务，促进国民经济健康发展。[3]

欧盟委员会将政府和社会资本合作定义为公共部门和私人部门之间的一种合作关系，双方根据各自的优劣势共同承担风险和责任，以提供传统上由

---

[1] HM TREASURY. "Meeting the investment challenge". Public Private Finance, 2003（76），p.11.

[2] 王天义、杨斌：《加拿大政府和社会资本合作（PPP）研究》，清华大学出版社2018年版。

[3] 王天义、杨斌：《日本政府和社会资本合作（PPP）研究》，清华大学出版社2018年版。

公共部门负责的公共项目或服务。①

世界银行将政府和社会资本合作定义为私人部门与政府部门之间建立长期合同，提供公共产品和服务，由私人部门承担主要风险并负责管理，私人部门根据绩效情况获取酬劳。②

2. 我国对政府和社会资本合作的定义

我国政府相关部门在先后出台的规范性文件中对政府和社会资本合作给出了明确的定义。2014年9月23日，财政部发布的《关于推广运用政府和社会资本合作模式有关问题的通知》（财金〔2014〕76号）将政府和社会资本合作定义为在基础设施及公共服务领域建立的一种长期合作关系。通常模式是由社会资本承担设计、建设、运营、维护基础设施的大部分工作，并通过"使用者付费"及必要的"政府付费"获得合理投资回报。政府部门负责基础设施及公共服务的价格和质量监管，以保证公共利益最大化。2015年5月22日，国务院办公厅转发《关于在公共服务领域推广政府和社会资本合作模式的指导意见》，将政府和社会资本合作归纳为公共服务供给机制的重大创新，即政府采取竞争性方式择优选择具有投资、运营管理能力的社会资本，双方按照平等协商原则订立合同，明确责权利关系，由社会资本提供公共服务，政府依据公共服务绩效评价结果向社会资本支付相应对价，保证社会资本获得合理收益。政府和社会资本合作有利于充分发挥市场机制作用，提升公共服务的供给质量和效率，实现公共利益最大化。2017年7月21日，国务院法制办发布的《基础设施和公共服务领域政府和社会资本合作条例（征求意见稿）》第二条明确，基础设施和公共服务领域政府和社会资本合作，是指政府采用竞争性方式选择社会资本方（指依法设立，具有投资、建设、运营能力的企业），双方订立协议明确各自的权利和义务，由社会资本方负责基础设施和公共服务项目的投资、建设、运营，并通过使用者付费、政府

---

① 郭文卿：《PPP模式概要解析》，《经济论坛》2014年第10期，第88—91页。

② 王天义、杨斌：《日本政府和社会资本合作（PPP）研究》，清华大学出版社2018年版。

付费、政府提供补助等方式获得合理收益的活动。

笔者认为，政府和社会资本合作是政府与社会资本在基础设施与公用事业领域内，依据市场竞争机制进行相互选择后，形成的风险共担、利益共享的长期合作伙伴关系。政府和社会资本合作主要具有以下特征：第一，政府和社会资本合作的本质是一种合作伙伴关系，并非政府为完成行政任务而履行行政职责的工具和手段；第二，在政府和社会资本合作中，双方居于平等的法律地位，单方高权式的行政模式在政府和社会资本合作中不适用；第三，政府与社会资本的相互选择应当满足市场竞争机制。

（二）政府和社会资本合作的类型

关于政府和社会资本合作类型模式，目前政府各部门或国际机构给出的分类方式也不尽相同，常见的项目类别包含 BOT，ROT，TOT，BOO，等等。

BOT 即建设—运营—转让，是政府和社会资本合作中最常见、运用最广泛的形式，通常由社会资本在特定的时间内对基础设施融资、设计、建造和运营，在期满后转交给政府方。实际上，BOT 早于政府和社会资本合作的概念出现在中国。20 世纪 80 年代，如何筹集建设资金已成为原有的行政基础设施供应模式的瓶颈，故我国开始借鉴法国、英国等国家在基础建设领域的实践，寻找私人部门对基础设施进行投资、建设。尽管 BOT 属于政府和社会资本合作的一种形式，但彼时的 BOT 与现如今政府和社会资本合作概念下的BOT 运作还是存在一定区别的：第一，就项目本质而言，BOT 项目是为解决当时政府财政长期负债等金融风险的一种新型融资模式，而政府和社会资本合作不仅是一种新型融资模式，更是管理模式和社会治理机制的创新。第二，就参与方关系而言，传统 BOT 项目中，政府与企业之间是一种垂直关系，而政府和社会资本合作则更强调政府与社会资本的横向合作，具有"合作伙伴关系、利益共享、风险分担"等特征。第三，政府和社会资本合作项目增添了更多的程序环节，如必须编制项目实施方案、财政承受能力论证报告、物有所值评价报告，选择社会资本时严格的招标采购程序，按照绩效考核结果进行付费等。

另外，ROT 即重构—运营—移交，由社会资本负责既有设施的运营管理及扩建、改建项目的资金筹措、建设及运营管理，期满后将全部设施无偿移交给政府。TOT 即移交—运营—移交，指政府将拥有的设施移交给社会资本运营，运营期满后再由社会资本将设施无偿移交给政府。BOO 即建造—拥有—运营，由社会资本进行融资、建设，永久拥有并经营基础设施。

（三）政府和社会资本合作与特许经营

1. 政府和社会资本合作与特许经营的起源与概念逻辑

在概念层面，可将政府和社会资本合作理解为公共部门放松规制后，与获准进入的私人部门建立合作伙伴关系，而特许经营则表现为公共部门放松其所控制领域的传统规制，允许私人部门进入其中发挥作用。各国的公私合作实践一般包含政府和社会资本合作与特许经营两大类。绝大多数观点认为，政府和社会资本合作相较于特许经营，不论是在外延还是内涵上均更为宽泛。政府和社会资本合作是政府与私人部门在公共事务管理中通过构建风险与利益机制形成的合作机制，而特许经营是政府将部分公共服务授权给私人部门，私人部门提供公共服务的前提是必须获得政府的授权。在我国，政府和社会资本合作与特许经营都属于舶来品，但分别来自不同的国家和法系。因此，对政府和社会资本合作与特许经营进行辨析，不仅要进行概念上的理解区分，还需要对起源进行研究。

政府和社会资本合作源于大规模的民营化运动和公共管理改革。受凯恩斯主义的影响，西方国家政府内部普遍出现行政效率低下、行政成本攀升、政府债务高企等问题，引起了社会的强烈不满。为解决这些问题，以英美为代表的英美法系国家率先探索公共管理改革，将竞争机制与市场力量引入公共服务。[①]这场改革以英国作为主阵地，并以放松政府管制为实质内容。1979 年撒切尔夫人领导的保守党上台后，开始实行"双减"政策，减少政府债务和公共支出，并对燃气、自来水、铁路和电力部门进行了大规模的放松管制和私有化改革，美国也相继开展了大规模的放松管制运动，这一系列改

---

① 王乐夫、蔡立辉：《公共管理学》，中国人民大学出版社 2012 年版。

革在管制经济学意义上被称为放松规制，而从公共管理学角度来说，就是民营化或公私合作伙伴的建立。[①]

特许经营的出现最早可以追溯到英国的收费公路。1660年，赫特福德希尔、亨廷顿和剑桥的三位法官向英国国会请愿，允许特许其募集资金修缮横贯 Great Northern Road 路段的公路，国会通过议案特许三人在特定路段设置收费站收取过路费，特许期限为 21 年。1707 年，第一个"收费公路信托"成立，收费人享有公路收费的特权，但需要向信托机构支付固定金额以换取在特定收费站收费的权利。[②]近代以来，特许经营从公路建设与收费扩展到铁路、运河、供水等领域，并在大陆法系国家中不断发展，其中，以法国最为典型。法国的特许经营始于 1666 年的地中海—大西洋航道项目，到 19 世纪后期，法国开始在铁路、水务、轨道网络、电力等基础设施领域广泛实施特许经营模式并取得了较大的成功。由于法国的成功，其他大陆法系国家也开始实施特许经营模式。受英国推行 PFI 模式的影响，法国开始建立双轨制的公共服务与基础设施制度体系、私人特许经营制度和政府直接管理制度。不过，法国尚未建立关于政府和社会资本合作的政策，究其原因，法国将政府和社会资本合作视为"旧观念"，[③]而法国的特许经营实际上与政府和社会资本合作具有极大的相似性，即通过商业化的模式建设和经营公共服务与基础设施。

从上述政府和社会资本合作与特许经营的起源与发展可以看出，政府和社会资本合作主要盛行于英美法系国家，特许经营则主要流行于法、德等大陆法系国家。在英美法系国家，人们认为市场和社会才是主体，对于市场的认可远高于政府，亚当·斯密主张由市场机制这一无形之手引导经济，政府

[①] 王丛虎、徐琳：《PPP 与政府特许经营的关系及立法策略》，《财政研究》2016年第 6 期，第 78—85 页。

[②]［英］达霖·格里姆赛、［澳］莫文·K. 刘易斯：《PPP 革命：公共服务中的政府和社会资本合作》，济邦咨询公司译，中国人民大学出版社 2016 年版。

[③]［英］达霖·格里姆赛、［澳］莫文·K. 刘易斯：《PPP 革命：公共服务中的政府和社会资本合作》，济邦咨询公司译，中国人民大学出版社 2016 年版。

则减少对经济的干预，只充当守夜人的角色。[①] 因此，在经济活动中，政府实行最低限度的限制干预，公共部门在传统上并不倾向于控制公共基础设施的所有权，公共基础设施允许由私人部门所有，同时也不具有公法、私法严格划分的法律基础，甚至还存在着公法、私法大量混同的现象。基于这种政府传统与法律基础，在以英、美为主要代表的英美法系国家，作为政府改革方向与策略的政府和社会资本合作更多地通过政府购买服务的形式出现，通过市场竞争机制取代传统经济主体的政治干预，引进市场激励取代对经济主体随意的政治干预，从而改善一个国家的国民经济。这意味着政府取消对无端耗费国家资源的不良国企的支持，从国企撤资、放松规制，鼓励民企提供公共产品和公共服务，通过合同承包、特许经营等形式将责任委托给在竞争市场中运营的私营公司和个人，[②] 公私合作的形式包括合同承包、特许经营，[③] 特许经营不过是政府和社会资本合作的形式之一。与英美法系国家不同，法、德等国因法律传统所致，具有非常发达的行政法体系，相关的制度非常成熟，对公私的区分也十分明显。从文化传统来看，大陆法系国家更愿意信任政府，认为政府是天然的国家权力主体，而市场有诸多的不足和天然的劣根性，存在市场失灵现象。因此，政府更愿意通过行政许可的方式授予私人部门特权，通过让渡一部分行政特权的方式提供公共服务。[④] 究其原因，公法传统导致的公共服务与基础设施经营模式已经十分成熟，加上意识形态的不同，导致大陆法系国家更愿意采用特许经营形式提供公共服务、建设和运营基础设施。

虽然政府和社会资本合作与特许经营在语言上表现为两套不同法系国家的话语体系，但其主要内容却存在着共同之处，即都指向公与私合作伙伴关

---

① 陈振明：《公共管理学》，中国人民大学出版社 2005 年版，第 183 页。

② 王丛虎、徐琳：《PPP 与政府特许经营的关系及立法策略》，《财政研究》2016 年第 6 期，第 78—85 页。

③［美］E.S. 萨瓦斯：《民营化与公私部门的伙伴关系（中文修订版）》，周志忍等译，中国人民大学出版社 2017 年版。

④ 景婉博：《国外 PPP 和特许经营的关系》，《经济研究参考》2016 年第 15 期，第 54—59 页。

系的建立。正是基于这一共同基础，两大法系公私合作实践系统一直保持着相互学习、彼此借鉴的态度，并形成彼此融合汇通的发展趋势。进入21世纪后，随着欧洲一体化进程的不断加深，欧盟委员会为统一规范各成员国间的公私合作行为，选用了英国的政府和社会资本合作概念并对其进行扩展定义与推广，同时还将特许经营纳入欧盟公共采购指令，并成立专门解决各成员国政府和社会资本合作纠纷的管理委员会，在政府和社会资本合作框架下，两大法系实践传统的立法技术及法律语言逐步趋向统一。政府和社会资本合作与特许经营以一种包含与被包含的关系在国际舞台上呈现。政府和社会资本合作的一种常见形式是建设—运营—转让（BOT）特许经营模式。在这种模式下，私人部门在一个良好的特许期内建设和运营一个基础设施项目，然后将其转让给公共当局。[①]

2.政府和社会资本合作与特许经营的相通性

作为体现公共部门与私人部门不同程度合作关系的政府和社会资本合作与特许经营，尽管两者基于不同的历史背景产生，在不同国家存在较大的地位差异，也具有各自特定的含义，但不可否认的是，两者具有极大的相通性。

（1）功能的共通性

通过对两者的历史发展过程进行剖析可以发现，政府和社会资本合作与特许经营几乎肩负着相似的历史使命，即缓解财政压力、实现供给侧结构性改革等。事实上，两者自诞生以来，也几乎发挥了近乎一致的作用。就供给结构而言，不论是政府和社会资本合作还是特许经营，都颠覆了由公共部门直接提供公共产品和服务的传统，提供公共产品和服务的直接责任转移至私人部门；就政府职能而言，政府和社会资本合作与特许经营都促进了政府职能的转变，公共部门由公共产品和服务的直接提供者转变为监督者，由划桨者转化为掌舵人，不再直接参与实施；就供给效率和成本而言，政府和社会资本合作与特许经营充分利用了私人部门在技术、资金、管理经验和运营能

---

①AURIOL E A，PICARD P M B. "A theory of BOT concession contracts". Journal of Economic Behavior & Organization，2013（C），pp.187-209.

力方面的优势，有效弥补了公共行政过程中低效率、高成本的天然劣势，有助于向社会公众更高效地提供优质的产品和服务。2023年11月3日，《关于规范实施政府和社会资本合作新机制的指导意见》正式实施，该意见要求政府和社会资本合作应全部采取特许经营模式实施。需要注意的是，这是根据我国政府和社会资本合作项目的发展并结合当前经济形势而采取的政策导向，不能因此从理论上简单地将政府和社会资本合作与特许经营画等号。

（2）适用领域存在交集

历史上，特许经营更多地出现在经济性的基础设施建设领域，包括公路、铁路、桥梁等，特许经营制度的适用不仅为私人部门参与基础设施建设明确了具体方式，还解决了项目建设本身的资金来源问题。政府和社会资本合作的出现晚于特许经营数个世纪，政府和社会资本合作主要作为缓解政府财政支出压力的工具，是政府行政体制改革的成果。在适用范围上，政府和社会资本合作除应用于公路、铁路等经济性基础建设设施领域外，还适用于保障性住房、公立医院、公立学校等社会性基础设施建设领域。[①]

在我国，根据《关于在公共服务领域推广政府和社会资本合作模式的指导意见》，政府和社会资本合作主要适用于能源、交通运输、水利、环境保护、农业、林业、科技、保障性安居工程、医疗、卫生、养老、教育、文化等公共服务领域。根据国家发改委等六部委发布的《基础设施和公用事业特许经营管理办法》，特许经营模式主要适用于能源、交通运输、水利、环境保护、市政工程等基础设施和公用事业领域。相较而言，政府和社会资本合作的适用领域几乎覆盖了特许经营的全部适用领域。

（3）作用机制相似

政府和社会资本合作与特许经营在参与主体、实施流程、风险和回报机制方面存在较大相似之处。第一，就参与主体而言，政府和社会资本合作与

---

① 杨晓宇：《特许经营与PPP的关系——以发达国家为背景》，《财政科学》2016年第9期，第61—71页。

特许经营均为两方主体的合作。其中，一方为享有公权力的公共部门，在我国主要为负有相应职能的政府及其所属的职能部门和事业单位，另一方为私人部门，在我国常被称为社会资本和特许经营者。从参与主体来看，政府和社会资本合作与特许经营均可被视为公共部门与私人部门的相互合作。第二，从实施流程来看，政府和社会资本合作与特许经营具有共同的必经流程，包括编制项目实施方案、可行性研究报告，通过竞争方式选定符合条件的社会资本或特许经营者，并与之签订协议，确定双方的权利义务内容。第三，就风险机制而言，政府和社会资本合作与特许经营均表现为一定程度上的风险分配与转移。在由公共部门独自提供公共产品和服务的过程中，项目风险由公共部门独自承担，而在政府和社会资本合作与特许经营中，社会资本和特许经营者为获取利益的最大化，均会承担一定的风险。第四，就回报机制而言，政府和社会资本合作与特许经营具有相同的回报机制。政府和社会资本合作中，社会资本获取投资回报的主要方式包括政府付费、使用者付费和可行性缺口补贴，特许经营者同样可以通过使用者付费与可行性缺口补贴获得投资回报。

3. 政府和社会资本合作与特许经营的相异性

尽管政府和社会资本合作与特许经营存在诸多相通之处，但由于政府和社会资本合作与特许经营基于不同法域的历史传统而产生，两者依然存在一定的差异。

（1）内涵本质差异

政府和社会资本合作是公共部门与私人部门相互合作的策略或模式，而特许经营往往指向具体的措施或方法。政府和社会资本合作强调的是公共部门与私人部门在主体层面的相互合作，研究的是政府职能转变、公共行政的市场化改革、私人部门参与社会治理等问题。[①] 究其本质，政府和社会资本合作是一种合作关系的存在形式，而这种合作主要表现在公共部门与私人部门在公共领域的共同协作，重点在于私人部门在公共服务与基础设施领域的

①王丛虎、徐琳：《PPP 与政府特许经营的关系及立法策略》，《财政研究》2016年第 6 期，第 78—85 页。

参与性。政府和社会资本合作的侧重点在于合作伙伴关系，特许经营的侧重点在于经营行为。在政府和社会资本合作中，公共部门与私人部门既可以分工合作，分别承担融资、建设和运营任务，也可以共同开展融资、建设和运营工作。与政府和社会资本合作强调的合作关系相比，特许经营伴随着商业上的经营行为，更多的是经营者通过获得公共部门的授权在特权范围内实施经营行为从而赢利。从方式上来讲，特许经营是政府和社会资本合作的一种方式，相比于政府和社会资本合作的其他方式如合同承包、补助等，特许经营更为典型。

（2）风险分担不同

政府和社会资本合作是为了风险共担，而特许经营强调的是风险转移。政府和社会资本合作体现了公共部门与私人部门之间的合作伙伴关系，强调了公共部门与私人部门之间风险与回报的合理分配，即风险共担、利益共享。政府和社会资本合作的复杂性不仅在于其形式多样，更在于公共部门与私人部门之间的权责划分。尽管风险共担也是特许经营的主要产生动力，但特许经营更多的是公共部门将成本完全转移给私人部门以实现预算。[①]对于特许经营者来说，获得特许经营权后提供公共产品或服务的主要目的不限于满足公共利益，其关注的重点在于通过经营项目实现利益最大化。一般情况下，授予特许经营者特许经营权后，公共部门便退居幕后，承担监督责任，项目融资、建设和运营风险往往由特许经营者独自承担。当然，对于某些高风险、高投入的项目，公共部门也会适当让渡利润，以促进私人部门投资。

（3）发展程度不同

从发展逻辑看，政府和社会资本合作属于更高阶段的发展形式。通常认为，现代意义上的政府和社会资本合作起源于英国的 PFI 模式，同时在 PFI 的原理之上进一步发展，借鉴了特许经营的部分原理。可以说，政府和社会资本合作是建立在特许经营与 PFI 基础之上的公私合作伙伴关系。相比于特

---

①刘晓然：《PPP 与特许经营——西方经济文化视角下的起源与发展》，《财政科学》2016 年第 11 期，第 85—89 页。

许经营与 PFI，政府和社会资本合作既有一定程度上的功能继承，也有对两者优势的进一步拓展与创新。

从形态上看，政府和社会资本合作彻底打破了政府与市场之间的二元对立状态，兼具公权力行政所欠缺的灵活性、激励机制与市场缺乏的行政管控能力，符合市场交易既需要灵活性又需要一定的控制力的特点。从这个角度来看，政府和社会资本合作处于比特许经营更高的发展阶段。[①]不可否认，目前对于政府和社会资本合作与特许经营的定义和解说都尚未形成一致的表述，部分学者认为，政府和社会资本合作与特许经营在诸多方面存在差异，[②]如在经营内涵上，前者强调合作，后者强调经营；在特征方面，前者表现为风险共担，后者表现为公共部门向私人部门转移风险等。

笔者认为，在探讨政府和社会资本合作与特许经营这一问题上，不能将视野局限于制度设计的浅层表现，而应剖析其制度的内核与本质。政府和社会资本合作与特许经营尽管存在一定程度上的差异，但本质相同，都属于公私二元体系改革下民营化与公私融合的产物。从表层设计来看，政府和社会资本合作与特许经营确有诸多区别，但从两者的制度设计目的出发，两者的风险分担模式是互通统一的。在政府和社会资本合作过程中，公共部门欲引入私人部门分担风险，就不可避免地需要放松对传统政府管制领域的控制，与私人部门进行合作，而合作精神的内核即在于共担风险。从理论来源来看，特许经营的理论基础源于准公共物品理论，这必然涉及公共产品或公共服务的产权归属问题，而在政府和社会资本合作、特许经营实践中，两者均可设定在项目完成后公共服务或公共产品的所有权归属于公共部门，因此在理论基础层面上，政府和社会资本合作与特许权经营并未出现逻辑冲突。同时我们需关注到，政府和社会资本合作、特许经营项目具有双方协议性，以签订合同的方式实现合作目的，公共部门与私人部门之间除了具有行政法律关系

[①] 杨晓宇：《特许经营与 PPP 的关系——以发达国家为背景》，《财政科学》2016年第 9 期，第 61—71 页。

[②] 梁凤云：《行政协议司法解释讲义》，人民法院出版社 2020 年版。

之外，双方在合作过程中还具有平等的民事法律关系。因此有学者认为，特许协议是一种公私合作（政府和社会资本合作）模式，在这种模式下，私人实体不仅可以设计和建造公共基础设施，还可以运营和维护公共基础设施，甚至在某些情况下可以为公共基础设施融资。[①]

通过对政府和社会资本合作与特许经营法律关系的梳理可以发现，两者在诸多要素上保持了一致。从制度设计来看，政府和社会资本合作项目与特许经营项目在决策、管理、运营等方面大致相同，两者均将其调整对象聚焦于有私人部门参与的合作项目，均遵循公共部门与私人部门长期合作的基本原则；两者的主要目的也大同小异，即在公共部门与私人部门的合作过程中，充分发挥私人部门的优势，同时推动政府完成职能转变。正如美国民营化实践的倡导者萨瓦斯所说，在不同国家和不同情境中讨论民营化会产生混淆和争论。人们使用许多概念来表述民营化，如公私伙伴关系、合同外包、非国有化、非政府化、非国家化、股份化等。这些都是民营化的同义词。[②]政府和社会资本合作与特许经营都是基础设施与公共服务领域中可运用的十分灵活的方式，都体现了公共部门与私人部门不同程度的合作关系。

（四）政府和社会资本合作与政府购买服务

1. 政府购买服务的概念

在美国，政府购买服务被称为"第三方治理"，其以合同外包的形式进行，政府既向非营利组织购买，也向营利组织购买。在英国，政府购买服务被称为"政府与志愿及社区组织合作"。在我国，政府购买服务是通过市场化的机制作用实现的，政府将属于自身履职范围内的公共服务事项通过一定的方式和程序交由社会力量，而政府根据约定向其支付报酬。政府定位由服务的"生产者"转变为服务的"购买者"。政府购买服务的内容包括政府自

[①] COOK J. "Modern Enhancements for PPP Concession Agreements".Construction Lawyer，2008（4），pp.24-29，45，46.

[②] ［美］E.S.萨瓦斯：《民营化与公私部门的伙伴关系（中文修订版）》，周志忍等译，中国人民大学出版社 2017 年版。

身所需及面向公众的服务，具有以下特征：第一，资金源于财政预算；第二，服务内容主要为面向公众的"软服务"；第三，具有极强的公众性和公益性；第四，将市场机制引入公共服务之中。由于政府购买的服务内容不论是出于自身所需还是面向社会公众，都是为了维护良好的社会秩序，都可理解为公共服务，所以政府购买服务也被称为政府购买公共服务。[①]

政府和社会资本合作与政府购买服务都是政府引入市场机制的体现。政府和社会资本合作作为政府职能转变的手段，将社会力量用于公共领域，在政府行政改革日趋深化的背景下逐渐形成。

政府购买服务与政府和社会资本合作的形成时间接近，背景和动因相似，虽然属于不同概念，但存在交集。从两者的概念来看，都是基于公共部门与私人部门相互合作进行公共治理的方式，目的都是提高公共产品和服务的供给效率与供给质量。但是政府购买服务重在满足公众对公共服务的需求，主张由社会力量提供公共服务，由政府支付相关费用，而政府和社会资本合作强调的是风险共担、利益共享的长期合作关系，具有投资额大、周期长、集中于基础设施建设领域等特点。

2. 政府购买服务的发展背景

政府购买服务最早起源于西方国家，于20世纪70年代后期被广泛推行并形成了机制化的运作模式。随着经济全球化程度的加深和政府职能的不断扩张，以英、美为代表的西方国家政府面临政府职能不断扩张的需求，履行行政任务的过程变得越发低效、迟钝，普遍存在成本高、效率低、缺乏创新等问题，无法满足公众对公共产品和服务不断增长的质量需求。为提高政府运作效率、减少财政赤字、增强政府行政职能、提高竞争力，以倡导重塑政府职能为核心的新公共管理运动兴起。在这样的背景下，以英国、美国为首的西方国家开始推行政府购买服务模式，探索以政府为主导、政府和市场共同协作的公共服务供给机制。

---

① 李开孟：《PPP 模式下政府购买服务的新内涵》，《中国投资》2015 年第 10 期，第 103—105 页。

美国规模化的政府购买服务始于20世纪60年代由约翰逊总统发起的"同贫困的战争"运动。[①] 在该时期，美国社会对福利服务等公共服务的需求激增，美国政府每年都需要进行数额巨大的财政补贴，面临巨大的财政负担。为减少财政压力、解决严重的社会矛盾，政府购买服务作为一种新型的社会治理方法被引入政府治理，美国政府开始鼓励和支持社会力量加入公共服务外包领域，并采用了补贴、合同外包、纳税和服务费减免条约、课税扣除等多种方式。以养老服务为例，在美国，养老服务主要采取合同外包的形式，由政府与非政府组织共同提供，而其中的非政府组织绝大多数都为非营利性组织。政府与非政府组织通过合同的方式落实养老服务，并由政府提供不同形式的资金援助和一定程度上的资金补助。政府根据对社会组织专业化的评估，对社会组织提供的养老服务进行严格的监管，同时，美国政府也需要接受社会大众的监督。[②]

英国的政府购买服务始于20世纪70年代。为促进经济发展、提高政府工作效率，作为具有竞争机制特征的政府购买服务被引入公共部门，并强制实行非垄断化。此时政府行政改革的主要目标是提高公共服务质量和"顾客满意度"。为达成这个目标，政府开展了"竞争求质量"和"公民宪法"两项运动。英国的政府购买服务同样以服务外包作为主要形式，为鼓励社会组织广泛参与，英国政府采取了一系列措施，有意识地引导社会组织提高社会服务能力，以实现购买公共服务的目的。在实践中，各社会组织间必须进行相应的竞争评估，政府根据既有标准和性价比的考虑选择资质合格的社会组织。[③] 英国的政府购买服务虽然将具体服务转嫁给社会组织，但政府依然要保留最终的服务责任，因此政府需要定期对社会组织进行运营检查，包括收入、支出、使用效率等，督促社会组织严格履行合同责任、承担相应义务。

---

① 刘雨佳：《西方国家政府购买公共服务的历史发展及对我国的启示》，《经济研究导刊》2006年第7期，第183—184页。

② 常江：《美国的政府购买服务制度》，《中国民政》2015年第9期，第57—59页。

③ 刘雨佳：《西方国家政府购买公共服务的历史发展及对我国的启示》，《经济研究导刊》2006年第7期，第183—184页。

我国的政府购买服务模式始于 20 世纪 90 年代，以上海"罗山会馆"模式为典型。[1]2014 年，财政部、民政部、工商总局印发的《政府购买服务管理办法（暂行）》第二条规定，政府购买服务是指通过发挥市场机制作用，把政府直接提供的一部分公共服务事项以及政府履职所需服务事项，按照一定的方式和程序，交由具备条件的社会力量和事业单位承担，并由政府根据合同约定向其支付费用。2017 年财政部发布《关于坚决制止地方以政府购买服务名义违法违规融资的通知》（财预〔2017〕87 号），建立了政府购买服务的"负面清单"，将建设工程、基础设施建设和融资行为排除在政府购买服务的范围之外。2020 年 1 月 3 日，财政部发布《政府购买服务管理办法》，将政府购买服务定义为各级国家机关将属于自身职责范围且适合通过市场化方式提供的服务事项，按照政府采购方式和程序，交由符合条件的服务供应商承担，并根据服务数量和质量等因素向其支付费用的行为。从国内外关于政府购买服务的实践来看，虽然各国的经济和社会背景不同，但总体上政府购买服务是一种政府将公共服务的提供委托给营利组织或非营利组织等社会力量，政府基于契约形式向其支付费用的购买行为，其目的在于完善公共服务供给制度，使政府更高效地履行公共服务职能。

3. 政府和社会资本合作与政府购买服务的联系

（1）具有相同的理论支撑。政府和社会资本合作与政府购买服务均是西方国家行政改革运动的产物，均以新公共管理运动、委托代理理论等为理论支撑。在新公共管理运动的支撑下，政府和社会资本合作与政府购买服务均主张充分发挥市场调节机制的作用以提高公共服务的质量与效率，通过增加需求，驱动政府不断地完善公共服务的运行机制。从经济学的角度出发，政府和社会资本合作与政府购买服务均是建立在委托—代理和交易成本基础之上的交易模式，通过借助社会力量实现职能的转变和公共服务的最优化。

---

[1] 宁靓、王凌歌、赵立波：《PPP 与政府购买服务：概念辨析与异同比较》，《中共福建省委党校学报》2019 年第 6 期，第 76—84 页。

（2）均强调公共部门与私人部门的合作。政府和社会资本合作与政府购买服务均主张发挥市场机制，通过政府部门与社会力量合作，达到提高效率、维护公共利益的目的。政府和社会资本合作体现的是政府与社会资本在基础设施或者公共服务领域内的长期合作关系，双方签订政府和社会资本合作合同，社会资本进行项目的设计、建造、运营和维护，通过使用者付费、运营补贴等方式获得利润，政府则负责对社会资本进行适当的监督，以保证公共利益最大化。在这个过程中，项目运营、政府向社会资本付费这两个过程可以看作政府根据社会资本在政府和社会资本合作项目中提供服务的质量和数量付费，可将其视为一种政府购买服务行为。不过，这些行为与一般意义上的政府购买服务还是存在着较大区别的，主要表现为这些行为与政府和社会资本合作项目的前期投资、双方权利义务的分担不同。①

（3）具有相同或相似的目的。政府和社会资本合作与政府购买服务均以新公共管理运动为理论支撑之一，二者均以满足多元化的需求、提高效率与质量、促进政府职能转变为目标。从产出角度来看，随着经济的发展，公民对公共服务的需求逐渐多样化，政府和社会资本合作中的公私合作与政府购买服务中的社会力量参与均有助于满足公众对公共服务与产品日渐多元化的需求。从效率角度来看，政府和社会资本合作与政府购买服务均以提高效率为内在取向。政府和社会资本合作旨在提高资金利用效率，以提高项目的成本效益，政府购买服务则致力于改善官僚体制的运行效率，以达到提高公共服务质量并增加服务数量的目标。从效果方面看，政府和社会资本合作与政府购买服务均存在政府将其职能转嫁给社会力量，以期实现政府职能的精简和转变的目标。②

---

① 易志坚、汪晓林、王丛虎：《政府购买公共服务的几个基本概念界定》，《中国政府采购》2014 年第 4 期，第 23—25 页。

② 宋斌文、何晨：《PPP、政府购买服务、政府采购关系辨析》，《行政事业资产与财务》2017 年第 3 期，第 19—21 页。

4.政府和社会资本合作与政府购买服务的区别

（1）适用范围不同。政府和社会资本合作主要适用于政府负责提供又适应市场化运作的公共服务、基础设施类项目，其适用领域相较于传统基础设施建设，公益性和公共性更强，全部属于工程类硬性基础设施。政府购买服务则主要适用于公共服务类事项，主要表现为非实物类服务，属于软基础设施领域，不涉及有形设施。

（2）合同期限不同。政府和社会资本合作强调的是一种长期合作关系，合同期限一般在 10 年以上。政府购买服务合同的履行期限一般不能超过 1 年，即便是在价格变化小、经费稳定、内容固定的情况下，履行期限也不得超过 3 年。

（3）风险负担机制不同。在政府和社会资本合作中，政府与社会资本是风险共担、利益共享的合作伙伴关系，社会资本一般承担项目的建设、设计、融资、运营等方面的风险，政府则承担法律政策和最低需求风险。在政府购买服务中，政府一般处于风险优势地位，绝大多数风险由社会力量承担。

（4）财政预算不同。政府和社会资本合作一般有严格的预算要求，对各级地方政府来说，每一年度全部政府和社会资本合作所需预算支出不得超过一般公共预算的 10%。政府购买服务没有强制比例要求，一般按照"先预算、后支出"的原则进行，纳入部门预算和专项资金预算统一管理，未进行总额限制。

（5）支付方式不同。政府和社会资本合作有使用者付费、政府付费和可行性缺口补助三种付费机制。其中，使用者付费即由第三方实际享用者支付费用。在政府购买服务中，政府作为购买主体，系唯一支付主体。

（6）实施程序不同。政府和社会资本合作项目一般具有投资额大、周期长、工程复杂等特点，其实施一般需要经过识别、准备、采购、执行、移交五个阶段，要进行物有所值评价、财政承受能力论证，还需要编制相关的项目实施方案。政府购买服务的程序则简单得多，只需满足《中华人民共和国政府采购法》（以下简称《政府采购法》）、《政府购买服务管理办法》等的规定即可，并无其他的强制性流程。[①]

第二节　政府和社会资本合作的现实动因与理论基础

随着社会的发展，传统的公私二元的法律理论逐渐破碎，公法与私法逐渐呈现出融合的趋势，许多法律变得既不是纯粹的公法，也不是纯粹的私法，法律生活的深刻变化主要表现在公、私法的相互关系中，二者相互渗透并发展出一个新的法律领域——经济法和证券法，[②]政府和社会资本合作是典型的公与私充分利用各自优势、相互取长补短的公私耦合杰作。

一、政府和社会资本合作的现实动因

政府和社会资本合作作为一种新机制，意味着公权力在一定范围内的缩小及市场力量在适度范围内的渗入，更意味着公、私之间法律关系的相互渗透。政府和社会资本合作是应时之选，而不是理念之选，政府和社会资本合作得以在西方兴起并遍及全球，同样取决于其产生之时的特殊背景。

（一）政府提供公共服务效率低下

"二战"后较长的一段时间内，凯恩斯主义成为经济学理论的主流，各国政府普遍采取福利国家体制，认为国家对于经济发展、国民福祉、社会进步等应扮演积极主动之角色，除制定法律干预市场经济外，还需设立公营事业，执行国家政策及调节市场。在探讨政府和社会资本合作相关法律问题时，

---

① 郑传军、袁竞峰、张亚静：《PPP 与政府购买服务的比较研究》，《经济体制改革》2018 年第 2 期，第 70—77 页。

② ［德］拉德布鲁赫：《法学导论》，米建译，商务印书馆 2013 年版。

不能忽视其政策形成之现实动因及思潮背景，如此，方不会失之一隅。自 20 世纪 30 年代起，西方国家受经济大萧条的影响，推行凯恩斯主义，实施政府干预，大部分西方国家开始实行有限的经济干预措施，许多公共产品（或服务）由政府或者国有企业供给完成。然而到 20 世纪 70 年代后，西方国家国有化的弊端不断显现，公共产品（或服务）由政府或国有企业供给的模式面临问题，国有企业提供公共服务面临着严重亏损、财政补助不断增多的局面。机构臃肿、规模过大、官僚主义严重、运转失灵、利益驱动不足、体制僵化所导致的效率低下、亏损和债务，成了英、法、日及其他西方国家许多国有企业的通病。

在政府和国有企业提供公共产品（或服务）的过程中，经济活动极易受到来自行政方面等公权力的干预，市场竞争受到严格的限制，掌握公权力的少数人为了获取超额利益往往钻制度的空子，从而影响整个社会的利益，严重影响社会公平，故亟须出现一种新型的公共事业模式来缓解这些问题。通过深入分析可发现，这是由于经济的发展带来人们收入水平的普遍提高，使得人们对公共服务的质量诉求越来越高，从而产生了运用市场竞争等商业规律对公用事业进行约束，以降低供给成本、提升产品质量的社会需求，而这些需求已经远超政府和国有企业的供给承受能力。换句话说，经济因素使人们更乐于接受民营化的方式来满足需求。① 究其根本，是由于资源的稀缺性导致经济的发展必须以提高效率为导向。由于政府和国有企业的垄断经营缺乏有效的市场竞争机制，因此不可避免地产生资源浪费和效率低下的问题。引入市场竞争机制具有打破行业垄断局面、合理转移风险、充分利用私人部门等各种优势，从而实现提高质量、降低成本、优化效率的目标。将政府和社会资本合作引入公用事业领域，便是以提高公共产品（或服务）质量和效率为基本目标的。政府和社会资本合作产生之初，融资是其主要目标，但随着金融市场的开放，政府在融资方面对私人部门的依赖显著降低，政府和社

---

① ［美］E. S. 萨瓦斯：《民营化与 PPP 模式：推动政府和社会资本合作》，周志忍等译，中国人民大学出版社 2015 年版。

会资本合作的目标已经转变为提高公共服务的效率。

（二）民营化改革的兴起

20 世纪 70 年代，一场国有企业改革与私有化的浪潮席卷了西方国家，英国、美国作为领头羊，先后进行了民营化改革。在英国，民营化改革主要以国有企业出售为主。玛格丽特·撒切尔（Margaret Thatcher）代表的保守党于 1979 年在大选中获胜，随后，"撒切尔主义"成为英国经济发展的指导思想，英国就此开展了大规模的非国有化运动，英国燃油公司、英国石油公司、国家货运公司、英国电信公司等众多国有企业牵涉其中。到 1994 年，英国政府出台了不少于 50 个私有化法案，国有企业产值降到了 GDP 的 4%。在美国，民营化改革主要以合同外包的方式进行，联邦机构辅助服务的相当一部分以合同的形式被外包出去，除了辅助性服务，还涉及对公众的直接服务。到 20 世纪 90 年代中期，民营化改革在美国各州和地方的服务中已十分普遍，甚至成为政府的基本政策。受英国的影响，西方诸多国家都开始进行民营化改革。1989 年东欧剧变导致了波兰、捷克斯洛伐克、匈牙利的民营化改革。我国也于 1978 年开始在农业部门进行民营化改革，允许私营农业代替集体农业，20 世纪 80 年代，我国开始允许私营工商企业存在。这场民营化改革大幅降低了国有经济在整个经济中的比重，几乎涉及全部垄断型行业。

对政府活动和频繁出现的问题的不满使得民营化成为可能的矫正方法，而政府机构的低效率、公共产品和服务的劣质、管理技能的缺乏、不断增加的亏损和债务等问题都成为民营化改革的直接原因。[1]1992 年美国开展的调查显示，政府推行民营化改革最主要的原因在于政府机构内部支出过大。从具体目标来看，实行民营化改革主要是为了减少政府开支、政府债务，通过出售资产来增加政府资产、减少政府对经济的干预。例如撒切尔推行民营化改革的长期目标便是改变人们的态度，使之认同市场经济。这场民营化改革成功的关键在于在传统上由政府等公共部门提供服务的领域引入

---

①［美］E. S. 萨瓦斯：《民营化与 PPP 模式：推动政府和社会资本合作》，周志忍等译，中国人民大学出版社 2015 年版。

私有化力量，对公共服务和公共产品的提供方式进行了制度上的创新，引入了私人部门的技术、经验和资金——换句话说，是将竞争和市场机制引入公共领域。这场民营化促进了资本市场的扩张，激发了私人部门参与公共事业的激情，使得私人参与逐步成为公共事业改革的流行趋势。

这场民营化改革最初以出售国有资产的形式进行，而后，随着私有化浪潮的不断兴起，私人部门参与公共事业的方式也在不断地发生变化，逐渐发展出委托授权、撤资、淡出等形式，而委托授权又包括合同承包、政府补贴、特许经营、单凭制、法律授权等。民营化最常用的方式是委托授权，在该模式下，政府不会免除任何法律责任，但可将实际的生产活动交由民营部门进行。美国的民营化以合同承包为主，合同承包在政府服务中占有相当大的比重。特许经营是民营化另一种常见的形式，在该形式下，政府授予某私人组织特殊权利（通常表现出排他性），令其向社会提供产品和服务。从合同承包到特许经营，再到公私伙伴关系，理论家与改革者不断地重塑着整个公共部门，而政府和社会资本合作正是在这样的背景下发展起来的。政府和社会资本合作源自英国，1992 年英国宣布实施"私人融资计划"，将政府和社会资本合作视为一种新型的公共产品（或服务）的提供方式。为缓解政府财政支出压力，政府和社会资本合作在西方国家落地开花，被作为政策和融资工具推上了历史的舞台。联合国、世界银行等国际组织都大力推广政府和社会资本合作的经验，诸多发展中国家也纷纷学习政府和社会资本合作的理念并将其运用到国内的实践之中。到目前为止，政府和社会资本合作已经在全球范围内得到广泛应用，从供水供电、桥梁、电信、铁路再到教育、医疗等各个领域，政府和社会资本合作都发挥了极大的作用。

二、政府和社会资本合作的理论基础

追溯历史的踪迹，理性地探究其中的利弊得失，是政府和社会资本合作顺利前行的基础。政府和社会资本合作代表着从国家干预向自由市场的回流，俨然已成为一种潮流，但这股潮流所带来的并不都是成功，也有失败、有危机、有衰退。因此，有必要比较考察政府和社会资本合作的理论根基，探究政府和社会资本合作的安身立命之本，以便了解政府和社会资本合作良性运行所需要的制度框架。

（一）公共选择理论

公共选择理论诞生于西方经济大萧条之后，彼时凯恩斯主义在西方盛行，虽然对应的措施刺激了经济的快速恢复，但政府过度干预经济的行为造成了严重的财政赤字、持续的通货膨胀等问题。为解决这些问题，公共选择理论诞生了。20 世纪 40 年代，勃劳德和孔塞对投票规则进行的有效论述，社会契约论对政府权力的论述，维克赛尔对个人主义方法论、理性经济人假设、被看作交易过程的政治过程等的论述都为公共选择理论的产生提供了巨大的理论支撑。邓肯·布莱克和布坎南更是将公共选择改为一种公知的理论。[①]

按照布坎南的观点，公共选择理论主要包含两个方面：第一个方面是经济学研究的一般化的交换科学；第二个方面是人们较为熟悉的有关个人行为的经济人的假设。[②]首先，公共选择理论主张政治生活和经济市场中都存在交易行为，并将政治行为视为一个交易过程。公共选择理论将经济行为的交换模式运用到政治行为研究之中，认为政治市场就是一个经济市场，政治决策的本质是一种基于自利的交换行为，不同的党派和国家组成要素之间所进行的交易，以及组成集体的个体之间所进行的交易，都是出于自利的目的。在经济市场中，私人之间有组织地进行产品或服务的交换并相互获益，而在政治生活中，主要进行公共产品的交易，通过建立交易契约关系，促进交易双方的福祉，是一种统治与服从的交换。经济市场与政治活动存在诸多相似之处，只要能够反映团体中成员的复杂交换或协议的行为或选择，便属于交

---

① 王爱琴：《西方公共选择理论述评》，《齐鲁学刊》2014 年第 5 期，第 103—106 页。
② ［美］詹姆斯·布坎南：《自由、市场和国家》，吴良健等译，北京经济学院出版社 1988 年版。

易经济学的范畴。在经济和政治制度之间、市场和政府之间、私人部门和公营部门之间，难以划出一条界线。经济学家不必把他们的调查限于人们在市场中的行为(买卖活动本身)。或多或少地使用自然地扩大交换经济学的方法，经济学家便能按照交换范例来观察政治和政治过程。①其次，理性经济人假设。理性经济人包括两个方面，即个人追求利益的最大化，同时有利于整个社会的发展。个人的行为天生要使效用最大化，一直到他们遇到抑制为止，只要有适当的法律与制度的构架，个人追逐他们自己利益的行动可以无意识地产生有利于整个社会利益的结果。②无论是在经济活动中，还是在政治活动中，都以追求利益最大化为目标。政治活动中的理性主要反映在选举投票之中，具体而言，正如安东尼·唐斯所说，如果任一政党确信对投票人理性行动的阻碍能增加它赢得执政的机会，它就会出于理性的动机而这样做。仅当投票人的非理性可能破坏政治体制时，这一法则才会出现例外。因为这一体制同政党的利益休戚相关。所以，政党鼓动任何破坏该体制的行为都是非理性的。③公共选择理论的重要意义在于将经济学的研究方法引入对非市场决策行为的研究，以经济人假设为武器，对经济人如何支配集体行为进行了分析。公共选择是政治上的观点，它从经济学家的工具和方法大量运用于集体或非市场决策中产生。④

政府和社会资本合作在一定程度上与公共选择理论的部分思想吻合。首先，公共产品或服务属于政治活动的范畴，而公共产品或服务的提供本是政府的职责，政府通过政府和社会资本合作与私人部门以签订契约的形式进行了公共产品提供方式的交换。其次，政府和社会资本合作是政府和社会资本

---

① [美]詹姆斯·布坎南：《自由、市场和国家》，吴良健等译，北京经济学院出版社 1988 年版。

② [美]詹姆斯·布坎南：《自由、市场和国家》，吴良健等译，北京经济学院出版社 1988 年版。

③ [美]安东尼·唐斯：《民主的经济理论》，姚洋、邢予青、赖平耀译，上海人民出版社 2005 年版。

④ [美]詹姆斯·布坎南：《自由、市场和国家》，吴良健等译，北京经济学院出版社 1988 年版。

基于经济人的理性而作出的选择。在凯恩斯主义的影响下，政府在政治活动中面临着一系列的失灵现象，而通过借助政府和社会资本合作，可促进职能转变，从而很好地完成行政任务。在公共服务的建设和运营中引入私人部门的力量，在公共物品和服务供给过程中，政府和社会资本及其他主体的行为都是为了实现个体利益的最大化而进行的利益竞争和交换。最后，政府和社会资本合作也是对公共选择理论借助市场力量主张的实践。公共选择理论认为，并非一定要由政府提供公共服务；相反地，应当充分发挥市场的作用，只要市场发挥作用，就不再需要政府。市场能使人们在有自由和秩序的社会制度中相互作用，政府只要提供法律保护伞就行了。[①]政府和社会资本合作强调要以市场机制为基点，对政府的运行机制、管理模式进行深层次的改革，其核心内容是在公共管理中积极引入私人部门的商业竞争优势，形成政府与私人部门的合作，积极推动公有领域的市场化，吸引私人部门更加广泛地参与公共服务，承担更多的社会责任。

（二）新公共管理理论

新公共管理理论起源于20世纪80年代的新西兰，而后盛行于英、美等西方国家。新公共管理理论在英国又被称为"管理主义"，在美国又被称为"企业家的政府"。新公共管理理论是相比于传统公共行政时期和新公共行政时期的一种新的公共行政理论和管理模式，是政府行政改革的指导思想之一。

传统公共行政以威尔逊与古德诺的"政治与行政二分说"和马克斯·韦伯的"官僚制理论"为理论基础。"政治与行政二分说"主张，民主国家的职能只包括政治与行政两种，国家权力应当掌握在议会与行政机关手中。政治是国家意志的表现，是民意的表现和政策的决定，是由议会掌握的通过制定法律和政策来表达国家意志的权力。行政是国家意志的执行，是民意的执行和政策的执行，是由行政部门掌握的执行法律和政策的权力。[②]官僚制理

---

① [美]詹姆斯·布坎南：《自由、市场和国家》，吴良健等译，北京经济学院出版社1988年版。

② 李国正：《公共管理学》，广西师范大学出版社2016年版。

论则从体制的角度为传统公共行政提供了理论框架，官僚制具有分工合理、层级节制的权力体系、依照规程办事的运作机制、形式正规的决策文书、组织管理的非人格化、适应工作需要的专业培训机制、合理合法的人事行政制度，是理想的行政组织形式。^①第二次世界大战后，公共行政朝着公共政策分析和新公共行政的方向发展。新公共行政在批判"政治与行政二分说"的基础之上，认为政策与行政（或政治）是政府管理中的连续过程，应当重视对政策问题的研究。在价值取向方面，新公共行政从效率至上转为更加关注对公平、责任和伦理等行政民主性价值取向的研究。

随着经济的发展，传统公共行政模式和新公共行政模式下的福利国家制度不再适合当时的社会环境，导致经济严重滞胀、政府官僚主义盛行。鉴于此，20世纪70年代末期西方资本主义国家开始进行政府改革。"重塑政府""市场化政府""国家市场化""政府新模式"等就是对这场改革的不同称谓。休斯认为，西方政府管理改革是全球化、技术革新、私有部门变革的示范，以及对政府能力要求等方面挑战的结果。在这场20世纪最大规模的公共管理改革中，存在着两种密切联系的趋势：一是政府向市场化发展；二是不断地脱离官僚体制（不再把官僚体制作为政府组织原则）的趋势。^②胡德将这场政府改革中出现的政府管理新模式称为新公共管理，而诞生于这场改革的新公共行政理论，便是新公共管理理论。^③

新公共管理理论是对公共行政和新公共行政的改革，其以现代经济学为理论基础，主张在政府部门广泛采用私人部门成功的管理方法和竞争机制，重视公共服务的产出，^④其核心思想在于将企业管理模式引入公共管理，强调在公共服务之中要以市场为核心、以顾客为导向，主张以企业管理的方式进行公共管理，建立企业型政府，改变传统政府与社会之间的单方强权关系，

---

① 王乐夫、蔡立辉：《公共管理学》，中国人民大学出版社2012年版。

② 陈振明：《公共管理学》，中国人民大学出版社2005年版。

③ 黄小勇：《新公共管理理论及其借鉴意义》，《中共中央党校学报》2004年第3期，第60—63页。

④ 李国正：《公共管理学》，广西师范大学出版社2016年版。

以新的公共行政管理模式取代传统官僚模式，^①从而提高政府服务的效率。新公共管理理论的基本内容主要分为六个方面。

（1）重塑政府职能。新公共管理理论重新定位了政府职能，认为为了对资源进行平衡配置，政府应当发挥宏观决策的作用，赋予私人企业在公共服务领域更多的参与机会。纠正政府与社会组织的角色错位、缩减政府规模、精减政府人员、减少政府开支、确保政府决策的科学性与合理性。（2）借鉴企业管理模式。传统的公共行政体系完全排除了私营企业的涉入，将私人企业的经营方式和管理手段拦在门外，而新公共管理理论主张政府充分借鉴私人部门管理理论、管理模式、管理原则、管理技术，从而克服政府管理的弊端。（3）建立顾客驱动制度。新公共管理理论主张政府要加快开创民主行政和服务型政府，要建立以顾客为导向的体制机制，改善公共服务的质量。（4）引入市场竞争机制。有必要在政府职能中引入市场竞争机制，从而提高政府行政效率、降低行政成本、提升公共产品质量。政府要重视人力资源的开发与管理以提升政府能力，在政府内部广泛实行绩效管理。（5）重视行政结果。新公共管理理论主张政府管理的重点应当由过程转为结果，行政的价值取向应当注重结果和产出。（6）通过民营化、市场检验及合同外包等方式进行社会合作。新公共管理理论认为，除必须由政府独自完成的行政任务外，诸多传统行政职能完全可以通过与私人部门合作来完成。政府应当摒弃对公共资源的垄断理念，广泛运用市场化的运作方式和私人部门的管理方式，由私人部门对公共服务进行承包。^②

政府和社会资本合作对新公共管理理论的核心思想有较大范围的吸收，主要表现在两个方面：第一，政府和社会资本合作渗透着新公共管理理论所主张的在政府职能中引入市场竞争机制的思想。在政府和社会资本合作乃至私有化运动之前，公共服务的供给一般都属于公共部门的职责。在传统治理模式中，政府主要通过以下方式提供公共产品和服务：（1）由政府机关或者

①　黎民：《公共管理学》，高等教育出版社2011年版。

②　李国正：《公共管理学》，广西师范大学出版社2016年版。

公共企业在系统内进行生产；（2）通过征收税费，提供预算经费；（3）由政府机关进行公共管制。[①] 新公共管理理论主张充分利用市场机制重塑政府管理模式，构建企业型政府。同时，区分公共服务生产者和公共服务提供者（或者组织安排者）的角色，强调政府可以作为公共服务的生产者，也可以只作为公共服务的提供者（或者组织安排者），将市场机制引入公共服务的提供，即进行公共服务的市场化。第二，政府和社会资本合作是对新公共管理理论所主张的通过民营化、市场检验及合同外包等方式进行社会合作思想的直接实践与进一步发展。政府在公共服务的提供中应当充当"领航员"的角色，除了少数必须由政府独自承担外，许多传统的政府管理职责都可以通过与企业的合作来实现。新公共管理理论事实上主张对某些公共部门进行私有化改革，让更多的私人部门参与公共服务的提供。[②] 例如政府业务合同出租，即利用合同承包的方式把一些政府工作任务推向市场。以私补公，打破政府垄断，建立政府与私营企业的伙伴关系。公共服务社会化，即政府授权社区建立各种公共事业以改进社会服务、控制犯罪活动。[③] 总体而言，新公共管理理论为政府和社会资本合作的诞生提供了直接的经济学依据。

（三）新公共服务理论

新公共管理理论诞生后，对公共行政和经济的发展起到了十分积极的作用。但随着实践的深入，在取得一系列成果的同时，新公共管理理论的不适性也逐渐凸显出来，社会现实与理论的匹配程度逐渐降低。随着民主政治全球化趋势的不断发展，有关公民与民主的问题得到越来越多的关注，不论是资本主义国家还是社会主义国家的政治核心都开始转向公民权利。随着公民权利的地位在政治生活中不断攀升，各国政府都开始或主动或被动地推行相关政策，以保障公民权利的履行。在这个过程中，人们开始广泛质疑新公共管理理论所倡导的效率至上的原则，这促使掌权者们开始探

---

① ［英］简·莱恩：《新公共管理》，赵成根等译，中国青年出版社2004年版。
② 李国正：《公共管理学》，广西师范大学出版社2016年版。
③ 陈振明：《公共管理学》，中国人民大学出版社2005年版。

索新的政府管理模式。2000年，美国学者罗伯特·B.登哈特和妻子珍妮特·V.登哈特共同发表文章，正式提出新公共服务理论。新的公共服务似乎最符合民主在这个国家的基础，其提供了一个框架，其他有价值的技术和价值观可能会上演。虽然这场辩论肯定会持续多年，但目前新的公共服务提供了一个团结点，我们可以设想一种基于公民话语和公共利益并完全融入公共利益的公共服务。[①]

政府行政的目的是服务公民，而不是成为权力的掌舵者，所以政府必须要改变自身职能，由掌舵者向服务者转变，打造服务型政府，建立以公民权利为中心的公共治理系统。新公共服务理论主要包括七种理念：[②]（1）政府服务的对象是公民而非顾客。政府不应该只关注顾客自私的短期利益，还必须关注更大的社区，必须致力于一些超出短期利益的问题，并且必须愿意为他们的邻里和社区所发生的事情承担个人的责任，[③]并鼓励公民去履行他们作为公民的责任。（2）政府必须建立公共利益观念。公共利益不只是公民个人选择、政治选举和组织程序之间相互作用的结果，明确地表达和实现公共利益更应是政府存在的重要意义。（3）重视公民权利和公共服务。公共利益的追求必须依靠公民基础，政府应当承担起保障公民平等权利的职责。（4）战略的思考、民主的行动。通过集体的努力和周密的过程，政府制定满足公共需要的政策，才是更具效率和责任的政府。（5）政府责任的多元化。政府官员除了关注市场，还需要关注政策、法律、道德准则和职业规范，并对政府责任进行重新界定，使其包含更多的含义。（6）政府的职责是服务，而不是掌舵。对于政府官员来说，越来越重要的是利用基于价值的共同领导来帮助公民了解和满足他们共享的利益，而不是试图控制或掌控社会新的发展方向。（7）强调人的价值，而非生产率。每个公民都有其价值和美德，政

---

①DENHARDT R B, DENHARDT J V. "The New Public Service:Serving Rather than Steering".Public Administration Review，2000（6），pp.549-559.

②李国正：《公共管理学》，广西师范大学出版社2016年版。

③[美]珍妮特·V.登哈特、罗伯特·B.登哈特：《新公共服务：服务，而不是掌舵》，丁煌译，中国人民大学出版社2004年版。

府应该更多地关注人的价值，重视公平、公正和公民权利，反对将效率作为衡量政绩的唯一指标。

政府和社会资本合作对新公共服务理论思想的借鉴包括两个方面：其一，新公共服务理论倡导构建服务型政府，提供公共服务是其主要职能之一，公共部门则是其主要部门。政府作为服务者而非掌舵者，不再将自己定位为"全能政府"，也不再是提供公共服务的唯一主体。其二，新公共服务理论重视公民在公共服务领域及维护公共利益过程中发挥的重要作用，主张鼓励和吸引公民参与公共服务的提供。正如登哈特夫妇所言："公民被视为政府的主人并且能够为了追求更大的利益而一起采取行动。因此，我们认为，公共利益超越了个人利益的聚集。新公共服务通过广泛的对话和公民参与来追求共同的价值观和共同的利益。公共服务本身被视为公民权的扩展部分，它是由为他人服务和实现公共目标的愿望所触动的。"[1]可以看出，政府和社会资本合作与新公共服务理论主张的充分发挥公民在公共服务领域的重要作用的思想极为契合。新公共服务理论的核心思想在于公民权利、民主和公共利益，其推崇的政府责任、公共利益、公民权利使得政府和社会资本合作各方主体更加注重社会责任的履行，同时也使得公民更加积极地以政治的身份参与公共服务的供给。

（四）委托代理理论

委托代理理论是通过对企业内部信息不对称和激励问题的深入研究发展起来的。传统的微观经济学家认为，企业是一个完全由投入与产出的生产函数决定的"黑匣子"，企业的内部组织和治理体系被忽略了。[2]20世纪30年代，伯利（Jr.A.A.Berle）和米恩斯（Gardiner C.Means）发现，美国大型企业普遍存在企业股东既是公司的所有者又是企业的经营管理者的问题，企业的

---

①［美］珍妮特·V.登哈特、罗伯特·B.登哈特：《新公共服务：服务，而不是掌舵》，丁煌译，中国人民大学出版社2004年版。

②王炳文：《委托代理理论与国有企业改革》，《环球市场信息导报（理论）》2012年第6期，第2—4页。

所有权与管理权集中的做法给企业的发展带来了严重弊端。因此，他们倡导建立企业经营权与所有权相分离的财富与能力合作的公司制度，即经营者享有企业的经营管理权，而代表财富的企业所有者则保留企业剩余的追索权。在这样的关系之中，企业所有者为委托人，而经营管理者则是代理人。而后，由于产权安排的契约关系产生了代理成本问题，并引发了如何以最小的成本激励代理人更好地为委托人尽职尽责工作的思考，委托代理理论逐步形成。此后，以詹姆士·哈罗德·威尔逊、斯蒂芬·罗斯和詹姆斯·莫里斯等为代表的经济学家对企业中存在的委托代理关系进行了深入分析，承继并推动委托代理理论进一步发展。[1]

　　委托代理关系是指委托人授予代理人某些决策权，要求代理人提供有利于委托人利益的服务。[2] 在委托代理关系中，委托人以契约的形式，或明示或暗示地指定或者聘用代理人，通过授予其一定的权限让其为自己提供服务。委托代理理论主要研究的是非对称信息条件下各个市场参与者之间的代理问题和激励约束机制，假定双方都追求效用最大化，那么就有理由相信，代理人不会总是为了保障委托人的利益而采取行动。经济学家认为，委托人与代理人之间的代理问题有两种表现形式——道德风险和逆向选择。道德风险问题存在于非对称信息发生在签订合同之后。逆向选择问题存在于非对称信息发生在签订合同之前。在道德风险理论中，委托人在签订合同时知道代理人的类型，但签订合同后不能观察到代理人的行动。因此，委托人对问题的解决办法是设计一个最优的奖励机制诱使代理人选择委托人所希望的行动。在逆向选择理论中，委托人在签订合同时不知道代理人的类型，问题是选择什么样的合同来获得代理人的私人信息。[3] 总体来讲，道德风险和逆向风险都是由于信息不对称发生的，是一方利用信息优势实施的损害另一方利益的行

---

　　① 刘有贵、蒋年云：《委托代理理论评述》，《学术界》2006 年第 1 期，第 69—78 页。

　　② 费方域：《经理行为、代理成本和所有权结构——詹森和梅克林的企业理论评介》，《外国经济与管理》1995 年第 10 期，第 31—34 页、第 19 页。

　　③ 张维迎：《博弈论与信息经济学》，上海三联书店、上海人民出版社 1997 年版。

为，是一种机会主义的表现形式。[①]

委托代理理论是建立在非对称信息博弈论、所有权与经营权相分离思想基础上的理论，其本质是一种契约关系，[②] 因代理人在经验、能力等方面存在信息优势，委托人需要寻求外部激励机制以规范代理人的行为。在这个问题上，委托代理理论认为委托人与代理人都是出于自身利益最大化的考量而与对方进行博弈，以最终达成契约均衡的效果。[③] 在契约理论、激励理论和信息经济学等理论的支持下，委托代理理论由企业管理领域拓展到了公共服务领域，并对政府和社会资本合作中的公众与政府、政府与私人部门之间的关系做了解释。在政府和社会资本合作中存在着两层委托代理关系，[④] 第一层是公众委托政府进行公共产品（或服务）的提供，第二层则是政府委托私人部门直接提供公共产品（或服务）。第一层委托代理关系建立在政府的法定职责基础上，但由于政府在专业能力方面的不足导致代理结果不能完美贴合社会公共的需求，因此政府寻求与私人部门之间建立第二层委托代理关系。在早期的政府和社会资本合作中，政府通过与私人部门建立合约的形式将垄断范围内的公共产品（或服务）移交给私人部门经营，并由双方共同负担风险，而具体的合约形式便是政府和社会资本合作合同。

在政府和社会资本合作中，政府与私人部门通过签订政府和社会资本合作合同建立委托代理关系，双方的委托代理关系主要表现在以下几方面：[⑤]第一，委托代理理论建立在以经济人假设为核心的新古典经济学研究范式之上，以委托人和代理人存在利益冲突、委托人和代理人之间信息不对称为两

[①] 庞永红：《委托代理理论的伦理考量》，《苏州科技学院学报》2006 年第 23 期，第 46—51 页。

[②] 张维迎：《博弈论与信息经济学》，上海三联书店、上海人民出版社 1997 年版。

[③] 庞永红：《委托代理理论的伦理考量》，《苏州科技学院学报》2006 年第 23 期，第 46—51 页。

[④] 宋子健、董纪昌、李秀婷等：《基于委托代理理论的 PPP 项目风险成本研究》，《管理评论》2020 年第 9 期，第 45—54 页、第 67 页。

[⑤] 崔新坤：《委托代理理论视角下 PPP 合同的局限及监管研究》，《生产力研究》2019 年第 9 期，第 36—41 页。

个基本假设。① 政府与私人部门利益目标不一致、信息不对称，政府的目的在于实现公共利益最大化，而私人部门参与政府和社会资本合作项目的目的在于实现投资回报最大化。在政府和社会资本合作项目的实施阶段，尤其是运营阶段，政府无法准确掌握私人部门信息，处于信息劣势。第二，政府和社会资本合作周期长，往往达到数十年，在漫长的生命周期中，整个公私合作的治理效果面临极大的不确定性，需政府与私人部门之间构建有效的激励和约束机制以防止道德风险与逆向选择。②

（五）理论的渗透与交融

公共选择理论与新公共管理理论一样，都尊崇市场力量，重视市场作用和市场机制。二者的不同之处在于，公共选择理论关注的重点在于政府与市场（或社会）之间的关系，主张减少政府干预，充分发挥市场的力量以解决政府面临的困境；新公共管理理论的关注焦点则依然停留在政府的内部，通过引进市场机制来完善政府公共组织。这两者的不同，反映了当代行政改革中存在的两种发展趋势，一是物质私有化——行动责任从国家向市场的转移；二是内部理性化——提高公共管理活动的经济效率。③ 新公共服务理论尽管是在对新公共管理理论反思的基础上提出来的，但并未全盘否定前者。在民主社会里，当我们思考治理制度时，对民主价值观的关注应该是极为重要的。效率和生产力等价值观不应丧失，但应当被置于民主、社区和公共利益这一更广泛的框架体系之中。④ 因此，新公共服务理论主张更加关注民主价值和公共利益，以追求经济、利益、效率为目标，以民主和社会公平正义为价值追求。

政府和社会资本合作在广泛的理论基础上产生，公共选择理论、新公共

---

① 刘有贵、蒋年云：《委托代理理论评述》，《学术界》2006 年第 1 期，第 69—78 页。

② 高山：《政府和社会资本合作模式的风险监管研究》，《商业经济研究》2017 年第 7 期，第 173—176 页。

③ 王乐夫、蔡立辉：《公共管理学》，中国人民大学出版社 2012 年版。

④DENHARDT R B，DENHARDT J V."The New Public Service:Serving Rather than Steering".Public Administration Review，2000（6），pp.549-559.

管理理论、新公共服务理论、委托代理理论均在一定程度上对政府和社会资本合作的发展起到了指导作用。随着经济社会环境、历史时代的不断变化，政府和社会资本合作理论基础内容也在不断更迭，以求更好地适应不同时代、不同地域、不同发展背景的需求。

第三节　政府和社会资本合作在我国的应用现状

一、我国引入政府和社会资本合作背景

当国民收入增长时，财政支出会以更大比例增长。随着人均收入水平的提高，政府支出占 GDP 的比重将会提高。政府职能也在不断调整变化，由之前的以经济建设为主转变为以民生建设为主，在财政有限的制约下，基础设施建设和运营资金就显得捉襟见肘。从这个意义上讲，在基础设施建设中采用政府和社会资本合作有助于解决财政资金问题，提高设施、服务供给和管理效率，促进政府职能转变。

新古典经济理论认为，政府与市场作用于不同的市场，各司其职。其中，在市场配置资源提供私人产品而政府提供公共产品的过程中，由于政府失灵和市场失灵因素的存在，这些因素包括外部性、低效率、分配不公平、寻租等，仅仅依靠政府，或者仅仅依靠市场，都不能实现公共产品供给的最优状态。[①]作为具有强公共属性的基础设施供给，亦具有相同属性。因此，政府部门需和社会资本进行合作，发挥市场在资源配置中的决定性作用，方能在基础设施领域实现供给效率提高和公共性任务完成的双重目标。在政府和市场逐渐融合的客观大环境下，政府和社会资本合作逐渐成为一种崭新的公共产品供

---

① ［美］尼古拉斯·亨利：《公共行政与公共事务》，张昕等译，中国人民大学出版社 2002 年版。

给体系，成为供给公共产品和服务的重要制度选择。

中华人民共和国成立后，我国的基础设施与公共服务供给完全依赖政府，其弊端是资金来源单一、投入不足，亏损威胁着经营的可持续性，行政垄断也导致服务意识淡薄、运营效率低下，改革成为必然。一系列制度性的放权安排，相应地引致了基础设施领域制度安排的变迁。1987年，上海市政府设立了城市交通运营、基础设施投资管理方面的公司，这是政府投融资体制改革和创新的产物。1998年，国家开发银行与芜湖市政府在国内首创城市基础设施贷款领域的"芜湖模式"，国家开发银行与芜湖市政府签署协议，将若干个单一城建项目打包，芜湖市政府建立芜湖建设投资有限公司作为"统借统还"借款法人，贷款担保和还款来源由芜湖市政府提供保证，这也被普遍认为是地方融资平台的起点。地方融资平台是改革开放以来基础设施建设的创新尝试，其跳出了完全依赖政府出资、受制于政府能力的缺陷，动员社会各界参与，共同推进基础设施的建设发展。但在地方融资平台受青睐的同时，地方政府的隐性负债也在日益增长。

这也使政府陷入反思，地方融资平台负债投资的时代已经不再那么契合实际发展的需求了，是否有一种工具或手段，既可以满足基础设施和公共服务的需求，还可以促进经济的发展，缓解地方债务的压力？政府和社会资本合作正迎合了我国的实际需求。一方面，随着我国经济的转型升级及居民收入的持续提高，对基础设施质量和服务的需求日益旺盛，并且范围日趋广泛，不仅包括传统的医疗、学校、轨道交通等基础设施，还扩展到文化、旅游、养老等服务领域，这些领域投资门槛低但质量要求高，需求个性化、呈现多样性，市场变化快且需要灵敏度，私人部门具有天然的适应能力；另一方面，随着我国进入工业化的中后期，因投资驱动经济增长的历史使命告一段落，政府职能寻求由建设型政府向公共服务型政府转变，由此决定，市场开始起决定性作用，完全由政府主导、行政监管的经济发展模式发生转变。在深刻认识了我国经济社会新形势的背景下，2013年，中国共产党第十八届三中全会提出了全面深化改革的历史任务，允许社会资本通过特许经营等方式参与城市基础设施投资和运营，确定了允许社会资本参与基础设施投资运营领域的基调。在面临国家经济下行和财政减收的双重压力、地方债务负担沉重、公共物品供给不足的背景下，财政部和发改委力推政府和社会资本合作。自2014年以来，政府和社会资本合作经历了由热潮到清理整顿再到理性发展的过程。近年来，政府和社会资本合作项目遇冷的现象不断发生，数据显示财政部新入库项目总投资额明显下降，政府和社会资本合作的发展出现颓势。为促进我国基础设施的发展和社会主义现代化的建设，解决政府和社会资本合作遇冷的问题十分重要。表面上，政府和社会资本合作遇冷主要表现为政府过度干预、政企互信不足导致社会资本丧失参与政府和社会资本合作的积极性。而深究后，笔者认为，政府和社会资本合作合同法律属性不明、引发纠纷路径不一、裁判不统一是政府和社会资本合作遇冷的主要原因。

二、合同法律属性纷争引发的司法困境

《行政协议司法解释》的出台，并不意味着政府和社会资本合作法律适用问题的解决，尤其是在对政府和社会资本合作合同法律属性的判断问题上，通过案例检索[①]及分析，笔者发现依然存在诸多规则不明确、标准不统一的问题。

（一）司法裁判案例分析

1. 定性为民商事合同的案例

以北方华录文化科技（北京）有限公司诉沙湾县（现新疆维吾尔自治区塔城地区沙湾市）人民政府其他行政行为纠纷案［（2021）新42行初3号］为例，法院认为原、被告双方签署的政府和社会资本合作合同及其补充协议，其合同目的并非为实现行政管理或者公共服务，原、被告双方基于政府和社会资本合作合同的法律地位平等，因此认定案涉政府和社会资本合作合同及其补充协议属于民商事合同。与此相同的案例还有天颂建设集团有限公司诉

---

① 本书所选案例源于中国裁判文书网，检索时间为2020年、2021年，即《行政协议司法解释》实施以后的时间段。

诸暨市人民政府大唐街道办事处申请确认仲裁协议效力纠纷案〔（2020）浙06民特4号〕。此外，还有部分法院不仅对政府和社会资本合作合同目的进行审查，还对政府和社会资本合作合同主体的法律地位、合同约定的权利义务进行审查。以门源回族自治县住房和城乡建设局诉北京桑德环境工程有限公司、门源桑德水务有限公司合同纠纷案〔（2019）青2221民初1013号〕为例，法院认为，案涉政府和社会资本合作合同是平等民事主体之间进行的合作协议，合同目的并非为了实现行政管理或公共服务，合同内容充分体现了双方当事人平等、等价协商一致的合意，并无行政法上的权利义务关系。据此，门源回族自治县人民法院认定案涉政府和社会资本合作项目合同属于民商事合同。

有部分法院认为，政府和社会资本合作合同是否属于行政协议，应当根据合同的具体内容和当事人的争议事项及仲裁请求进行判断，以北京市第四中级人民法院审理的重庆市峻坤实业有限公司与忠县人民政府、世达投资（香港）控股有限公司申请确认仲裁协议效力一案〔（2020）京04民特677号〕为例，原告峻坤实业认为《投资合作合同》为"特许经营权"的行政协议，行政协议约定仲裁条款的，其仲裁条款无效。而法院审理后认为，案涉合同当事人在订立合同及决定合同内容等方面享有充分的意思自治，合同建立在平等、自愿、等价、有偿的原则之上，因此认定该合同为民商事合同。同时指出，忠县人民政府提出的仲裁请求和双方争议事项并未针对行政机关的具体行政行为，案件相关争议具有可仲裁性，肯定了关于仲裁约定条款的效力。该案裁判的另一个指导意义在于，即便政府和社会资本合作合同是行政协议，但只要仲裁条款约定的对象限定在私法的范围之内，不涉及行政公权力的行使，约定仲裁的条款便合法有效。当然，也有法院认为，案涉政府和社会资本合作合同是当事人双方真实意思的表示，内容不违反法律法规强制性、禁止性规定，可简单直接地将其认定为民商事合同，如深圳市鸿效节能股份有限公司诉广东申创光电科技有限公司合同纠纷案〔（2019）粤03民终27150号〕。

2. 定性为行政协议的案例

有法院认为，凡是政府和社会资本合作合同就是行政协议，并未对政府和社会资本合作合同的实质进行分析判断。例如，在北京城建道桥建设集团有限公司与吉林高新技术产业开发区管理委员会其他行政行为纠纷案〔（2020）吉 02 行初 14 号〕中，法院并未实际审查政府和社会资本合作合同，直接将案涉政府和社会资本合作合同认定为行政协议，并适用行政程序解决纠纷。当然，绝大多数法院都会先对政府和社会资本合作合同内容进行审查。但是，对于审查的内容及判断的标准并不统一。部分法院以政府和社会资本合作合同的目的和内容作为判断政府和社会资本合作合同法律属性的标准。以恩平市水利局与恩平市供水有限公司、恩平市长虹市政工程有限公司合同纠纷案〔（2021）粤 0785 民初 711 号〕为例，法院认为案涉《恩平市通自来水供水服务 PPP 项目合同》属于行政机关为了实现行政管理或者公共服务目标，与公民、法人或者其他组织协商订立的具有行政上权利义务内容的协议，该协议不属于民法调整平等主体的自然人、法人和非法人组织之间的人身关系和财产关系，因此认定其为行政协议。类似的案例有海南中东集团有限公司、茂名市公路建设有限公司诉遂溪县人民政府行政协议纠纷案〔（2019）粤行终 602 号〕，法官认为案涉投资合作协议目的是提供公共服务，符合行政协议要素，属行政协议。再如洛阳卓美广告有限公司诉偃师市（现洛阳市偃师区）公安局交通警察大队、偃师市人民政府行政协议纠纷案〔（2021）豫行终 357 号〕，法院认为案涉政府和社会资本合作合同既具有公法属性内容，又具有私法属性内容，因此认定其为行政协议。

亦有法院以政府是否具有超越私法上的权利作为判断政府和社会资本合作合同法律属性的标准。在江西省路桥工程集团有限公司诉雅安市雨城区财政局、雅安市雨城区公路养护管理段财政行政管理（财政）纠纷案〔（2020）川 1823 行赔初 3 号〕中，法院认为雅安财政局单方宣布政府和社会资本合作合同无效的实质属于行使行政优益权，故认定该政府和社会资本合作合同属于行政协议。在中国建筑一局（集团）有限公司与广元市住房和城乡建设局合同纠纷案〔（2020）川 0802 民初 2253 号〕中，法院认为被告在政府和社会资本合作中兼具合作者和监管者的双重法律地位，所主导的监督检查是法律上所规定的相关监管义务，其实质是行政行为，因此认定政府和社会资本合作合同属于行政协议。还有部分法院以合同是否具有行政法上的权利义务作为判断政府和社会资本合作合同法律属性的标准。在四川省川建勘察设计院有限公司诉荣县广太水务有限责任公司、荣县水务局建设工程勘察合同纠纷案〔（2021）川 01 民终 4045 号〕中，法院认为案涉政府和社会资本合作项目包括了河道整治、生态修复、水厂、污水处理厂等与政府行政管理或者公共服务密切相关的工程项目，其中水厂、污水处理等属于政府特许经营范围，合同具有行政法上的权利义务内容，因此认定案涉"荣县旭水河流域生态修复工程政府和社会资本合作项目合同"属于行政协议。

（二）司法与现实的困境

目前，司法审判中对于政府和社会资本合作合同法律属性的判断，各地各级法院甚至同一法院不同法官的判断标准都存在出入，主要表现在以下几个方面：第一，不对政府和社会资本合作合同内容进行审查。实践中部分法院在实际审判中不会对政府和社会资本合作合同属性进行审查，而是按照传统固有思维，将政府和社会资本合作合同直接视为民商事合同，按照民事法律规范的标准审查其效力，这类裁判一般认为，只要合同双方意思表示真实、内容不违反法律和行政法规的强制性规定，便肯定其效力。也有部分裁判简化对合同效力的分析，而对合同中有关仲裁约定条款进行着重审查，这类案件一般表现为当事人请求法院确认合同中有关仲裁约定条款的效力。因为《行政协议司法解释》已出台，部分法院简单直接地将政府和社会资本合作合同认定为行政协议，并采用行政程序审理相关纠纷，对合同实质内容不予审理。第二，部分裁判已经意识到政府和社会资本合作合同的复杂性，在审理相关纠纷中依据《行政协议司法解释》精神，对政府和社会资本合作合同法律属性进行审理。但因为没有一个统一的适用规则，各级各地人民法院对政府和社会资本合作合同法律属性的判断标准并不统一。尽管多数裁判并未采取单一的审判标准，而是选择对该政府和社会资本合作合同的多项因素进行考察即综合判断标准，但对哪些因素进行考察并不统一。如部分裁判的侧重点在于政府与社会资本基于政府和社会资本合作合同享有的权利和承担的义务是否相适应，若社会资本承担的风险远高于其获得的收益，则将政府和社会资本合作合同认定为行政协议。部分法院采取目的标准与权利义务标准相结合的审判原则，认为若合同目的是出于行政管理或公共服务目标，合同内容包含行政法上的权利义务关系，则为行政协议，反之为民商事合同。第三，对政府和社会资本合作合同法律属性审理标准的不同，造成了政府和社会资本合作合同法律适用与裁判结果的混乱。因为审理标准不一，部分案件按照民事程序适用民事法律规范审理政府和社会资本合作合同纠纷，而部分案件通过行政程序适用行政法律规范解决纠纷，有的法院认可政府和社会资本合作合同中关于仲裁约定的条款，也有法院以政府和社会资本合作合同属于行政协议为由否定仲裁约定条款的效力，统一适用规则的缺失造成了司法实践的乱象。

《行政协议司法解释》的出台，使得司法审判中越来越多的政府和社会资本合作合同被定性为行政协议，虽然在一定程度上对人民法院审理政府和社会资本合作合同纠纷起到了一定的指导作用，但也因此带来了诸多的现实问题。第一，社会资本方的合法利益无法得到全面保障。将政府和社会资本合作合同认定为行政协议，将扩大政府方在政府和社会资本合作合同实施过程中的行政优益权，无论政府方行为是否出于维护国家、保障社会公共利益的考虑，均会披上合法的外衣，哪怕其行为使社会资本的合法权益遭受巨大损失，政府也仅需对社会资本方给予一定补偿而非赔偿，因此将政府和社会资本合作合同认定为行政协议，无法充分保障社会资本方的期待利益与其他相关权益。第二，不利于对政府和社会资本合作合同双方当事人权利的救济。对政府方而言，依据行政法原则，只能"民告官"，不能"官告民"，当社会资本出现不履行、不完全履行政府和社会资本合作合同约定义务等违约行为时，根据《行政协议司法解释》二分法的原则，社会资本构成民商事违约行为，但因为政府和社会资本合作合同属于行政协议，在制度上阻却了政府方通过司法程序获得救济的途径。对社会资本方而言，在行政法律规则之下，社会资本方仅能以行政救济的方式维护其权益，且此救济为事后救济，无法对公权力运用进行事前控制，由此带来的不确定性风险多由社会资本方承担。第三，排除了通过仲裁程序解决政府和社会资本合作合同纠纷的途径。根据《中华人民共和国仲裁法》，仲裁只适用于平等主体之间的财产关系，将政府和社会资本合作合同认定为行政协议，意味着否定了政府和社会资本合作合同中关于仲裁约定条款的效力。第四，第三方主体基于政府和社会资本合作合同提起诉讼的救济途径不明。比如，在政府方与社会资本共同组建SPV公司的情况下，当社会资本方作为SPV股东，依据《中华人民共和国公司法》（以下简称《公司法》）向同为股东的政府方提起诉讼时，采用何种诉讼途径尚不明确。第五，由代位权导致的第三方主体提起诉讼的救济途径不明。在采用政府付费或可行性缺口补贴的支付费用机制的政府和社会资本合作中，政府方有可能成为社会资本的债务人，而当其他政府和社会资本合作参与方如施工单位成为社会资本的债权人时，政府方有可能成为债权人行使代位权的对象，此时债权人能否向政府方提起代位权诉讼尚不明确。第六，不利于政府和社会资本合作的可持续创新发展。《行政协议司法解释》将政府和社会资本合作合同定性为行政协议，存在概念和认识上的实质性紊乱与偏差，不利于政府和社会资本合作在我国的创新发展。实践中，政府方作为国家机关，存在漠视契约精神和诚信原则、任性地使用行政公权力干扰社会资本的建设和运营的现象，对政府和社会资本合作的规范化发展产生不利影响。同时，将政府和社会资本合作合同定性为行政协议，极易导致滥用行政优益权的现象，从而使社会资本的交易成本剧增，令社会资本方对政府和社会资本合作望而却步，破坏了政府和社会资本合作创新机制的根基，摧毁在中国改革开放进程中政府和社会资本合作创新发展的可持续性。

从司法裁判案例中可以看出，政府和社会资本合作合同在法律属性的认定及纠纷适用的法律程序上均存在很大争议，这严重影响了政府和社会资本合作的良性发展，导致政府和社会资本的利益无法得到根本保障，因此迫切需要通过法律制度加以规范。本章从探究政府和社会资本合作渊源、辨析政府和社会资本合作概念入手，厘清了政府和社会资本合作合同的几个基本问题，同时揭露了政府和社会资本合作合同属性纷争的现实困境，为下文研究主体、行为、内容要素及工具取舍等方面勾勒出了一个清晰的轮廓。

第二章 政府和社会资本合作合同法律属性之主体甄别

目前学术界对于政府和社会资本合作合同法律属性的判断存在"主体说"，认为只要双方主体地位平等，便是民商事合同；反之，只要一方主体为行政主体，便为行政合同。笔者认为该标准并不宜作为认定合同法律属性的标准，主体是否为享有公权力的行政主体，并不能直接作为认定合同属性的因素之一。主体标准无法作为认定行政协议的标准主要表现在以下两个方面：（1）与《民法典》关于机关法人的规定存在冲突；（2）主体标准将导致合同能否履行及能否有效等完全取决于政府的意愿，难以有效保障社会资本的合法权益，也不利于对合同约定的严格遵守。[①]在民商事法律关系中，各参与主体以平等的民事主体身份出现，即便是政府，也是以机关法人的身份出现的，不再处于行政主体的法律地位。在行政法律关系中，参与主体要么是行政主体，要么是行政相对人。笔者认为，判断政府和社会资本合作合同法律属性，不应以合同主体是否为享有公权力的行政主体为准，而应以其以何种身份订立合同作为判断因素。接下来，本书将对政府和社会资本合作合同中政府的机关法人与行政主体身份、社会资本的民商事主体与行政相对人身份进行研究。

---

① 王利明：《论行政协议的范围——兼评〈关于审理行政协议案件若干问题的规定〉第 1 条、第 2 条》，《环球法律评论》2020 年第 1 期，第 5—22 页。

第一节　政府和社会资本合作合同主体构成

一、政府和社会资本合作合同主体范围

分析政府和社会资本合作合同的主体构成会发现，参与公共治理的主体已经不再局限于政府等公共部门的一元主体，而是扩展到包括公司在内的多元公私混合主体，政府和社会资本合作合同的主体具有包容性和复杂性的特点。因此，明晰政府和社会资本合作合同主体的界限，有助于防止其变成新的"箩筐"。

在传统的民法领域，提起主体，人们就会想到平等主体的自然人、法人和非法人组织。在传统的行政组织法中，提起主体想到的无非是行政主体及行政相对人。而在政府和社会资本合作合同中，主体主要包括政府和社会资本，以及后续承继社会资本权利义务的项目公司。政府和社会资本合作价值的实现源于上述利益主体的互动过程。政府和社会资本合作合同主体公与私的角色不同，这些主体看似宽泛，实际上却是为了一个共同的合作目标展开合作。而那些因政府和社会资本合作模式诞生的主体（如作为公与私连接载体的项目公司），其角色也不同于传统的政府部门和普通企业法人，具有主体角色的复合性。

（一）政府

政府和社会资本合作模式改变了公共产品（或服务）的供给方式，但却改变不了其本身固有的特性，为社会公众提供合格公共产品（或服务）的终极责任依然由政府来承担，故在政府和社会资本合作模式中，政府是公共利益的代表。但是对于政府方的具体范围，各国的规定不尽相同，即使在我国，各类规范性法律文件的规定也存在差别。例如，财政部认为只有政府职能部

门和事业单位才是适格的政府，而发改委认为行业运营公司和其他相关机构亦可作为政府方的项目实施机构。通常情况下，政府一般是项目的发起者，通过招标、谈判等途径，采购符合要求的社会资本并与之签订政府和社会资本合作合同，从而吸纳社会资本丰沛的资金、先进的技术和管理经验以保障项目建设与运营。

（二）社会资本、项目公司

社会资本这一概念由法国社会学家布尔迪厄提出，此后有影响力的重要学者从不同角度对这一概念进行了界定。在发达资本主义国家的语境下，社会资本从量上看，有形社会资本是个人和群体为实现自己的目标所能依凭和运用的社会性资源综合；从质上看，包容不同利益诉求的个人和群体形成互惠、分工、合作等制度，是无形社会资本。社会资本的数量和质量总和是一个国家的主要综合实力组成部分。而在我国，社会资本应从市场经济本质理解；即共同的命运体，追求共同利益、共同富裕。在这样的视角下，社会资本具有了丰富的内涵与外延。[①]鉴于对政府和社会资本合作合同法律属性的争议，以及各国国情的不同，政府和社会资本合作合同中社会资本的概念和范围也存在较大差异。社会资本在国外通常以"私人部门"称之，而在国内则通常称之为"社会资本"。一般情况下，社会资本经政府采购程序与政府进行双向选择后，通过签订政府和社会资本合作合同，与政府建立共享利益、分担风险的合作伙伴关系。在政府和社会资本合作合同中，社会资本既是政府的合作伙伴，又是项目的主要执行者，在政府和社会资本合作项目中负责资金筹集、项目的建设和运营、项目后期的移交等。

政府和社会资本合作项目公司通常是由社会资本独自出资或由社会资本与政府共同出资成立的具有独立法人资格的企业，是政府和社会资本合作项目的直接建造单位、实施主体。政府与社会资本作为项目公司的所有者同时也是委托方，共同委托项目公司进行政府和社会资本合作项目的建设与运营。

---

① 蒲坚、孙辉、车耳等：《PPP的中国逻辑》，中信出版社2016年版。

同时，项目公司作为独立的法人，通过与其他的市场主体进行合作，完成整个政府和社会资本合作项目的投融资、建设和运营。项目公司亦可成为政府和社会资本合作合同的主体，而通常情况下项目公司成为合同主体有两种方式：其一，政府与社会资本先签订政府和社会资本合作合同，项目公司成立后通过签署补充协议的方式承接社会资本在政府和社会资本合作合同中的全部权利义务；其二，项目公司成立后直接与政府签订此前其与社会资本已签署的权利义务相一致的政府和社会资本合作合同。从某个角度讲，项目公司在整个政府和社会资本合作项目的全生命周期中处于核心地位，是政府与社会资本（各个不同利益主体）的连接载体。

二、政府和社会资本合作合同主体概念差别

（一）政府与公共部门

在以市场经济为主的西方国家，经济活动一般被划分为两个相对独立的部门，即公共部门和私人部门，而政府和社会资本合作模式的目的在于为公众提供公共产品（或服务），因此在西方绝大多数国家，政府和社会资本合作合同的政府主体被称为公共部门。[1] 在范围上，不仅包括国家行政主体，还包含法律法规授权的组织，如法律法规授权的企事业单位、社会团体、行业协会等，还包括私法形式的行政组织如国有独资公司。在国有企业能否成为公共部门的问题上，俄罗斯、澳大利亚、巴西等国均认可国有企业作为公共部门的主体。我国一贯以"政府方"称呼，具体到政府的范围上，主要有以下几个阶段的不同规定。首先，财政部于2014年11月印发《政府和社会资本合作模式操作指南（试行）》，确定政府和社会资本合作合同中政府方主体可以为县级以上人民政府，或者其指定的部门和事业单位。发改委于2014年12月印发《关于开展政府和社会资本合作的指导意见》（发改投资

---

[1] RAQUEL A S,ANDRADE A. "Corporate Governance in Public Private Partnerships". European Procurement&Public Private Partnership Law Review，2010（4），pp.209-214.

〔2014〕2724 号），指出政府方可为地方政府确定的行业主管部门、运营公司、事业单位等机构，对该文进行解读会发现在性质上属于国有企业的行业运营公司被归为政府主体。后来，六部委令第 25 号确定只要经县级以上人民政府授权的有关部门或单位都可以成为项目的实施机构即政府方。财政部于 2019 年 3 月又印发了《关于推进政府和社会资本合作规范发展的实施意见》（财金〔2019〕10 号），将政府方主体限制为县级以上人民政府，或者经县级以上人民政府授权的机关或事业单位。虽然上述规定存在前后矛盾之处，但值得注意的是，关于政府方主体并不包括社会团体、行业协会、基层群众性自治组织等传统意义上的行政主体的观点已经达成共识。2023 年 11 月 3 日，《关于规范实施政府和社会资本合作新机制的指导意见》明确了管理责任分工，要求地方各级人民政府依法依规授权有关行业主管部门、事业单位等，作为特许经营项目实施机构。

（二）社会资本与私人部门

世界银行定义的政府和社会资本合作中第二个"P"即为 private party，译为"私营机构"。英国制定的《关于公私伙伴关系的新指引》中使用 private sector 一词，译为"（经济中非国有的）私营部分"。美国制定的《收费公路政府和社会资本合作模式特许经营合同核心指南》中则使用 private entity（译为"私人实体"），并将政府和社会资本合作模式定义为"一个部门（公共机关）和一个开发商（私人实体）设计、建造、融资、运营和维护一项将由公众使用或在其他方面对公众有价值的资产的合同安排"。澳大利亚制定的《国家 PPP 指南概述》同样使用 private sector 一词。从上述可知，绝大部分国家的政府和社会资本合作模式中，与公共部门签订政府和社会资本合作合同的主体即为 private sector，意指私人部门。在我国，与政府签订政府和社会资本合作合同的主体为社会资本，社会资本可以是民营企业、外国企业和外商投资企业，也可以是国有企业。我国与其他国家对政府和社会资本合作合同主体的界定并非完全一致，国际组织及绝大部分发达国家均强调私人部门不包含公有的成分，而我国定义的社会资本不仅包含民营企业，国有企业亦在范围内。

（三）概念差异之原因

1. 我国的经济体制与国外存在差异

我国社会主义市场经济体制的根基是公有制为主体、多种所有制经济共同发展，公有制经济和非公有制经济都是社会主义市场经济的重要组成部分。在公有制经济主体发挥主导作用时，也需要充分保障各种所有制形式的企业依法平等参与经济活动。而西方国家将经济活动划分为两个独立的部门——公共部门和私人部门，两个部门之间具有明确的界限。通常公共部门的出发点在于公共利益，通过利用公共资源，站在公共理财的角度上进行公共产品（或服务）的供给，以实现公共利益的最大化。公众通过投票机制选举产生立法机构，由立法机构对公共部门进行监督，通过预算审查，确保各项经济活动都能最大限度地满足公共利益。公共部门是公共利益的代表，因此理当由公共部门负责公共产品（或服务）的生产和提供。但是，公共部门的活动具有天然的弊端，往往效率较低而成本较高，不能完全实现公共利益的最大化。由于私人部门相较于公共部门市场应变能力更加灵敏，能够快速地对市场需求作出应变，[1] 借助私人部门先进的技术、完备的管理经验，让私人部门参与提供公共产品（或服务），能够有效提高公共服务的质量与效率。因此，公共部门逐渐丧失垄断地位，私人部门开始参与公共服务的供给。

2. 我国的政府和社会资本合作与西方国家公私合作内涵不一致

在西方国家的政府和社会资本合作模式中，社会资本一般仅代表私人部门，是最典型的公私结合。我国的政府和社会资本合作中的社会资本已经不再是纯私有的概念，还包含部分公有的成分。我国政府和社会资本合作模式中所包含的公私合作同西方的公私合作存在差异。西方的政府和社会资本合作以私有制经济为基础，是在市场经济制度上创设的融资、治理工具，私人部门相比于公共部门具有众多优势，能够更有效率地提供更高

---

[1] 龙小燕、陈新平、李忠峰：《中、西式 PPP 的逻辑比较》，《财政科学》2019 年第 5 期，第 142—146 页。

质量的公共产品（或服务），故更倾向于将政府和社会资本合作模式中的私（private）定义为"私人部门、私营机构"。由于社会主义国家的制度与西方资本主义国家的制度存在本质差别，我国政府和社会资本合作的含义与西方国家存在较大出入，从而导致政府和社会资本合作合同双方主体范围也存在较大差异。

第二节　政府和社会资本合作合同身份属性识别

一、政府机关法人身份之识别

（一）机关法人与公法人概念辨析

《民法典》第九十七条规定，机关法人是法人类型之一。有学者认为机关法人就是公法人。事实上，通过对机关法人与公法人的特性的分析不难发现，机关法人与公法人存在较大差异。《民法典》规定机关法人为有独立经费的机关和承担行政职能的法定机构，机关法人从成立之日起，具有机关法人资格。机关法人主要有以下特征：其一，机关法人既可以是有独立经费的机关，也可以是能够独立承担行政任务的法定机构；其从成立之日起便具有法人资格。其二，机关法人为履行职能所从事的必须是民商事活动。换句话说，机关法人从事的行为是民商事行为，而非行政行为。公法人，即具有公法上法律地位的法人，是公法上权利义务的归属主体，通过赋予其人格化的独立法律地位，使其承担一定的社会管理职责。因此，公法人从事的是行政行为，是公法上的概念。公法人的意义直接体现在公法上，不具有私法上的规范意义。与公法人概念具有紧密联系的另一主体是行政主体，作为一个法学概念，行政主体一般指依法取得行政职权，能以独立名义进行行政活动并独立承担由此产生的法律后果的行政组织，公法人存在的重要意义便在于为行政主体的区分提供标准。

（二）政府在政府和社会资本合作合同中的机关法人属性

对于政府来说，其从事的绝大多数活动都是依其职责而产生的公权力活动，这些活动都是在执行法律法规赋予的行政、司法等公共管理服务活动。因此，绝大多数情况下，政府与相对人地位并不平等，处于管理与被管理的地位，相对人更多地具有一种服从义务，其只有在认为机关或法定机构行使的司法或行政权力存在不合法、不合理的情形时，才能实施相应的救济手段，如依法提起行政复议或行政诉讼。在这些情况下，政府行使法律直接赋予的权力，身份是行政主体，而非机关法人。从某种意义上来讲，此时不存在任何有关机关法人的问题，这些机关只有在为了履行其职能而从事必要的民事活动时才会以机关法人的身份出现，如租赁办公场所时的承租人身份、采购公务用品时的买方，[①]也即在这种情况下这些机关或法定机构才会表现出法人的特征。可以说，这些机关或法定机构只有在从事一些为履行职能而必须为之的民商事活动时才是民商法意义上的法人。

在政府和社会资本合作合同中，政府方是政府和社会资本合作项目的发起者，是公共产品（或服务）的安排者，其合同身份应当是机关法人，主要表现在以下几个方面。

（1）政府需要受到政府和社会资本合作合同的约束，不享有超越合同约定权利义务的特权。在政府和社会资本合作合同的缔结过程中，通常政府和社会资本都会就政府和社会资本合作项目的建设、运营、移交、违约责任、争议解决等作出详细的约定，不论是政府还是社会资本，一旦违反政府和社会资本合作合同约定，均需要承担相应的违约责任。政府在其行为给社会资本造成损失的情况下，需要就损失承担相应的赔偿责任。

（2）政府和社会资本合作模式是政府以民商事行为的方式承担行政职能的手段，契约的内容不是管理与被管理的关系，而是平等的合作关系。值

---

① 屈茂辉：《机关法人制度解释论》，《清华法学》2017 年第 5 期，第 128—138 页。

得注意的是，进行大规模的基础设施建设属于公共服务，提供公共服务属于政府的行政职责，但政府和社会资本合作模式并非政府实施行政行为的手段。事实上，政府和社会资本合作属于政府方为实现公共利益所为的民事活动，随着我国经济社会的不断发展，机关法人的这类活动范围相当广泛，遍及文化、社会、经济等领域，如医疗、交通、垃圾处理等。从法律本质上来讲，机关法人在从事这类"私法形式的公共行政"活动时，按《民法典》第九十七条的规范目的属于民事活动，政府方与其他合同主体一样是民事主体而非行政主体。[1]政府向社会融资以完成其政府职能，政府以机关法人的名义出现，其所从事的行为系为履行其职能所必需的民事行为。[2]但不可否认的是，政府和社会资本合作合同的特殊性也导致政府方身份的特殊性和复杂性。

二、社会资本的形成路径

（一）对社会资本之"私"的界定

政府和社会资本合作的本意就是将私有部门引入公共领域，打破政府等公共部门对公共产品（或服务）领域的强垄断地位，引入市场竞争机制，从而实现向社会公众提供优质公共产品（或服务）的成本缩减和效率提升。在该理论和制度设计下，政府和社会资本合作模式中私人部门身份被明确界定为纯私有的组织和法人，任何与国家公权力相关的组织都无法成为政府和社会资本合作模式中的私人部门，这也是西方国家公私合作模式中主导的做法。纯私有化的政府和社会资本合作，合作伙伴能够最大限度地利用市场竞争机制，将竞争发挥出最大的作用。但是，将政府和社会资本合作私人部门完全限定为私的成分并不符合所有现存的经济基础，也有违公共选择的经济学理论的初衷。公共选择理论的核心在于市场竞争，但市场竞争机制并非仅存于

---

[1] 屈茂辉：《机关法人制度解释论》，《清华法学》2017年第5期，第128—138页。
[2] 徐强胜：《正确理解机关法人制度》，《人民法治》2017年第10期，第32页。

纯私有化的市场主体之间。诸多存在公有成分的组织，例如国有企业，其所从事的经济活动依然存在市场竞争，这种竞争可能是各个国有企业相互间的竞争，也可能是国有企业与其他非国有企业之间的竞争。总之，不可否认的是，存在公有成分的组织同样在经济活动中表现出市场竞争的本质。因此，对于西方诸多国家将私人部门完全限定为纯私有形式的组织和企业的做法，笔者认为并不符合所有国家的经济环境和基本国情。相反，只要政府选择的私人部门合作伙伴能够与其他市场主体之间进行市场竞争，即满足合格的私人部门身份。2023年11月3日，《关于规范实施政府和社会资本合作新机制的指导意见》明确，要坚持初衷、回归本源，最大限度地鼓励民营企业参与政府和社会资本合作项目。市场化程度较高、公共属性较弱的项目，应由民营企业独资或控股；关系国计民生、公共属性较强的项目，民营企业股权占比原则上不低于35%；少数涉及国家安全、公共属性强且具有自然垄断属性的项目，应积极创造条件，支持民营企业参与。

（二）社会资本的中国式创新

上文已经说到，将私人部门的身份资格完全限定为纯私有的组织和企业并不符合所有国家的经济环境和基本国情。将政府和社会资本合作模式引入我国需要进行一定的革新，探索出一条适用于国有企业等公有制经济主体的政府和社会资本合作道路。

1. 国有企业参与政府和社会资本合作的现状

自2014年以来累计签约落地项目7683个，其中签约社会资本中的国有企业占主导地位。[①]在我国全面深化改革、适应新常态的过程中，国有企业一直是政府和社会资本合作项目中社会资本签约主体的主要构成。

西方大多数国家都将与公共部门合作的对象限定在私营企业的范围内。与之相比，我国政府和社会资本合作模式将国有企业纳入社会资本方的做法显然与政府和社会资本合作主流的"私"（private）的界定不一。但做法不

---

①2022年3月17日，财政部政府和社会资本合作（PPP）中心发布《全国PPP综合信息平台管理库项目2021年年报》。

同并非不合理。我国的经济制度与西方资本主义国家不同，虽然我国的政府和社会资本合作的英文缩写同国际主流一致，但其内涵却存在差异。在政府和社会资本合作模式引进初期，考虑到我国特殊的经济制度以及国有企业具有参与基础设施建设和运营的先天优势，将国有企业纳入政府和社会资本合作模式中的社会资本的做法符合我国的现实国情及实际需求。所以我国的政府和社会资本合作摆脱了对私有的形式束缚，通过建立新的符合我国政府和社会资本合作发展模式的制度以保障国有企业作为社会资本的制度路径，亦能真正实现政府和社会资本合作模式设立的初衷。[1] 需要引起重视的是，并不是所有的国有企业都能参与政府和社会资本合作项目，原则上参与政府和社会资本合作的国有企业不得是当地政府直接完全控制的国有企业及其附属机构，而应当为具有独立身份、能够进行独立市场运作、独立承担市场经济风险的企业。[2] 政府和社会资本合作模式的本质为独立、制衡与博弈并存的合作共赢伙伴关系，若完全受制于政府方，则失去了其基于市场经济的独立自主地位，整个政府和社会资本合作项目也将变为政府部门的独角戏。国有企业参与市场经营竞争，与非国有企业具有同等的营利特性，即以营利为目的，属于商主体。如果用这一理论观点解释，我们的私主体与西方国家的私主体并没有实质性的差异。国有企业与私营企业参与政府和社会资本合作，最重要的是在法律上确立公平竞争原则、遵守公平竞争规则，真正实现市场竞争。

2. 社会资本的适格性

我国对政府和社会资本合作模式的内涵进行了部分适应国情的创新，私人部门的概念被定义为社会资本，政府和社会资本合作模式的原有之义也发生了部分变化。但是，制度的创新必须控制在贴合实际的范围之内，若天马

---

[1] 邵文娉：《对国有企业作为社会资本参与 PPP 的几点思考》，《财政监督》2018年第 16 期，第 88 页。

[2] 李开孟：《正确界定 PPP 模式中的社会资本主体资格》，《中国投资》2015 年第12 期，第 97—99 页。

行空毫不关注其产生的法律效果，创新便是徒劳。如何选定适格的社会资本，对于整个政府和社会资本合作项目的发展至关重要。必须要求能够同其他市场主体进行市场竞争，核心是引入商业法则和竞争、创新、效率、效益等商业理念。政府和社会资本合作模式最重要的经济学依据便是市场竞争机制，正是通过引入市场竞争机制，政府和社会资本合作才能起到显著降低项目成本、提高供给效率的作用。一方面，对于社会资本而言，必须是能同其他经济主体进行相互竞争的企业才能成为合格的社会资本主体。换言之，中选的社会资本必须是不能排除其他企业进入项目竞争的强垄断企业。另一方面，能否进行市场竞争要以该特定的政府和社会资本合作项目所处行业为准，不能以该企业在其他领域经济活动中存在强垄断地位为由，而排除该企业成为其非垄断行业特定政府和社会资本合作项目的社会资本。

社会资本必须能够保持自身经营决策的独立性，不受政府的控制和干扰。竞争性是相对于其他市场经济主体而言的，而独立性则是相对于政府方而言的。政府和社会资本合作模式直接发挥的作用是能够促进政府与社会资本通过形成一种相互制衡、信息透明、责任明晰、监督有效的伙伴关系，社会资本的独立性能够贯彻项目建设时的市场属性，不会受到政府的干预和掌控。如政府与社会资本之间无法形成相互独立的关系，那么整个政府和社会资本合作项目的建设和运营及内部治理将全部丧失自主性，而政府和社会资本合作也将最终沦为行政主体直接执行公共任务的手段和工具，政府也就失去了萨瓦斯所说的任务安排者的身份而恢复到任务执行者的身份。从这个意义上来讲，财政部关于本级政府所属融资平台公司不得成为合格社会资本的规定，以及国务院办公厅允许已与政府脱钩、建立现代企业制度、实行市场化运营，且不再充当地方政府融资工具的融资平台成为社会资本的规定便是深度吻合市场机制的体现。

3. 保障社会资本充分竞争

《关于在公共服务领域推广政府和社会资本合作模式的指导意见》规定，已经建立了现代企业制度并与政府脱钩、能够独立进行市场化运营的融资平台可以作为社会资本。2019 年，财政部印发《关于推进政府和社会资本合作规范发展的实施意见》（财金〔2019〕10 号），进一步排除了本级政府所属的各类融资平台公司及其参股并能产生实质影响的国有企业成为社会资本的资格。而在地方层面，山东省财政厅发布的《关于开展政府和社会资本合作（PPP）"高质量发展年"活动的指导意见》（鲁财合〔2020〕3 号）直接禁止本级政府国有企业以社会资本的身份参与本地方的政府和社会资本合作项目，但可作为政府方出资代表，进一步限制了国有企业的项目参与权。为了保障社会资本充分竞争，2022 年 11 月 18 日，财政部颁布了《关于进一步推动政府和社会资本合作（PPP）规范发展、阳光运行的通知》（财金〔2022〕119 号），明确了地市级、县区级地方人民政府实际控制的国有企业（上市公司除外）可以代表政府方出资参与政府和社会资本合作项目，不得作为本级政府和社会资本合作项目的社会资本方。2023 年 11 月 3 日，国务院办公厅转发国家发改委、财政部《关于规范实施政府和社会资本合作新机制的指导意见》，明确优先选择民营企业参与政府和社会资本合作项目。

（三）社会资本形成路径属性

政府和社会资本合作合同中社会资本方的形成路径，就是政府方选择社会资本及不同社会资本之间相互竞争的过程的缩影。在绝大多数场合中，政府和社会资本合作项目的发起由政府方承担，财政部门在项目识别阶段负责向交通、住建、教育、能源等部门征集潜在的政府和社会资本合作项目，行业主管部门也可以从国民经济和发展规划的项目中遴选潜在项目。在对项目进行识别确定后，政府或者经授权的主体就开始发起项目，经过物有所值评价、财政承受能力论证和实施方案审核等一系列程序后，进入社会资本的选择阶段，而实践中这个阶段主要采用政府采购程序。

1. 政府采购应用于政府和社会资本合作的历史进程

20 世纪 90 年代开始，政府探索提供公共服务的方式向特许经营和政府采购等方式转变。在此之前，基础设施领域属于国家垄断行业，服务和产品的提供由政府亲自承担。自 1998 年起，政府开始鼓励民营企业参与基础设施建设，相关政策的出台使得非国有形式的各种企业进入公用事业领域成为可能。随着民营企业的不断发展，其在公共服务领域的作用和重要性逐步受到政府部门的重视。2002年，我国制定并颁布了《政府采购法》，对各级机关、事业单位和团体集中采购货物、工程和服务的行为进行规制。而后，各级政府及其部门向民间组织购买公共服务的探索不断增多，形式越发多样，领域更加宽泛，涉及教育、文化、环保等多个领域。2014年12月31日，财政部明确规定政府和社会资本合作采购活动适用《政府采购法》。2016年，财政部发布的《政府和社会资本合作项目财政管理暂行办法》更是政府和社会资本合作的采购方式细化为公开招标、竞争性谈判、竞争性磋商等。自此，政府方采用政府采购的方式选择社会资本，成为我国政府和社会资本合作模式中的常用方式。

2. 政府采购与政府和社会资本合作的契合性

社会资本是否必须经政府采购程序方可成为政府和社会资本合作中合同合法、适格的签约主体？

首先，需要承认的是，法律层面基本肯定了政府和社会资本合作项目采用政府采购方式选择社会资本的方式。《政府采购法》第二条第七款预留了政府和社会资本合作模式适用政府采购的空间，其第二十六条确定的公开招标、邀请招标、竞争性谈判、询价、单一来源采购等多种方式也与政府和社会资本合作采购的实际需求相契合。财政部发布的《政府和社会资本合作项目财政管理暂行办法》更是明确了公开招标等方式的优先性。因此，在确定了以政府采购形式进行社会资本选择的前提下，又进一步明确优先采用公开招标、竞争性谈判、竞争性磋商等方式进行政府和社会资本合作采购。

其次，公共服务的提供原本是政府的职责，借助于政府和社会资本合作模式，政府将提供公共服务的职责转嫁给社会资本，在对社会资本提供的公共产品（或服务）的数量和质量进行绩效考核后支付费用或补贴，因此，政府和社会资本合作的采购过程就是政府由"生产者"向"提供者"的转变过程。包括我国在内，绝大部分国家和国际组织都采用政府采购形式进行政府和社会资本合作的采购。而且，我国以政府采购形式选择社会资本的方式，也与世界贸易组织的相关定义相一致。政府和社会资本合作作为在公共服务领域被广泛推广的制度模式，亦应属于政府采购公共服务的规制对象。

3. 社会资本形成路径的民商事属性

社会资本形成路径的本质是市场竞争。以公开招标为例，招标与投标是一个相互选择的过程，其目的在于选择合适的合作伙伴，然后签订政府和社会资本合作合同。在所有的政府选择社会资本的方式中，公开招标是最充分、彻底的，也是应用得最为广泛的。公开招标改变了传统的竞争方式，将一般买卖双方之间的博弈转变为各个项目投资人之间的竞争，促使各投标人谨慎投标。同时，政府选择最符合条件、最能满足政府和社会资本合作项目建设与运营的投标方作为项目的社会资本。因此，公开招标可以充分发挥竞争机制的优势，从而实现资源配置的最优化，让政府选出优良的合作伙伴。招标程序通常包括招标、投标、评标、签约四个环节，而订立一份普通合同通常只需要经过要约和承诺两个环节即可。根据《民法典》第四百七十三条，招标这一行为在性质上应当归为要约邀请。社会资本响应是对招标行为的实质回应，是愿意同政府在公共领域进行项目合作的意思表示，其性质为要约。[①]经过评审后发出的中标通知书，则意味着政府已经确定选择某一社会资本作为政府和社会资本合作项目的合作对象，表达了政府愿意同回应方签订政府和社会资本合作合同的期待，其既具有承诺的成分，又包含预约的意思表示；实际双方签订的政府和社会资本合作合同，则带有本约的性质。从政府选择社会资本的其他几种方式来看，竞争性谈判、竞争性磋商等都包含预约与本约的法律关系，其归根到底是各个回应方之间相互竞争的博弈关系。[②]

---

① 程明修：《公私协力法律关系之双阶争诉困境》，《行政法学研究》2015 年第 1 期，第 9—21 页、第 34 页。

② 赵飞龙：《论政府采购的法律性质》，《行政法学研究》2016 年第 6 期，第 94—108 页。

（四）社会资本的商主体属性

1. 商主体的内涵界定

商主体，也称商人，是指那些进行商事经营的主体。《法国商法典》作为世界首部商法典，认为实施商行为并将商行为作为职业的人便是商人。除《法国商法典》以外，《日本商法典》规定，商人要以从事商事活动为职业，同时要以自己的名义进行。[①]《德国商法典》规定，商人是指商事经营者。[②]从上述不同国家的商法典对商主体的法律定义可以发现，各国学者及实务部门基于各自理解所做出的定义存在较大差距。在我国，学者很少对中国商法与传统商法对商主体的定义进行区分。从诸多研究成果来看，多数学者认为商人就是商主体，即指那些具备商事权利和行为能力的，以营利为目的并以自己名义从事经营活动，享有商事权利并承担商事义务的个人或组织。[③]商主体不同于商事法律关系主体。商事交易活动既有可能发生在商主体与商主体之间，也有可能发生在商主体与非商主体（如小商贩与消费者）之间，甚至可能发生在民事主体之间，因此商事法律关系的参与者并不等同于商主体，还包括非商主体。正如行政法律关系主体并不等同于行政主体一样，商事法律关系主体也不等同于商主体，前者包括后者。[④]商主体与一般处于财产和人身关系中的民事主体相比具有特殊性，承担着高于一般民事主体的义务，但也能享受一般民事主体无法享有的利益。

2. 商主体特征

商主体有着不同于民事主体与行政主体的特征。

（1）目的营利性。商主体是从事以营利为目的经营活动的主体，具有天然的逐利性，其商事权利能力与商事行为能力的存在与其从事的经营活动

---

① ［日］近藤光男：《日本商法总则·商行为法》，梁爽译，法律出版社2018年版。

② 范健、王健文：《商法的价值、渊源及本体（第2版）》，中国人民大学出版社2007年版。

③ 王保树：《商法总论》，清华大学出版社2007年版，第91页。

④ 范健、王建文：《商法学（第5版）》，法律出版社2021年版。

具有紧密关联。不论是在直接的生产经营活动中，还是在商品交易营业活动中，商主体的目的都是为了满足盈利需求。由于商主体的盈利性，商主体还承担了不同于一般民事主体的义务，如必须遵循促进交易原则、维护交易安全原则、适用外观主义的交易形式、对交易形式采取类型化的规则等。商主体享有经营权，将进行经营活动作为其职业，一旦放弃或丧失了营业权，也便丧失了商主体的本性。

（2）商主体法定。商主体是一种法律拟制主体，由国家的强制法控制对其资格的确定，主要包括三个方面：内容法定、类型法定和公示法定。内容法定是指商主体的财产关系和组织形式必须遵守法律的明确规定，同一类型的商主体具有相同的组织形式、财产归属关系、利润分配和财产责任关系。类型法定是指进行商事经营活动的商主体类型由法律明确规定，当事人不得创制法定类型之外的其他类型商主体。关于商主体的类型，法律往往从财产责任性质、经济性质角度进行划分，商事立法对于商主体的划分具有强制性。公示法定是指商主体自成立至终止之前，必须按照法律的规定进行重大事项的公示，以便任何潜在交易人知晓，这也是商事外观主义的直接体现。

（3）独立性。商主体作为法律拟制上的人，被赋予了属于"人"的品格。对于以经营活动为职业的商主体而言，其独立性主要表现在两个方面：财产独立和意思独立。首先，商主体拥有自己的独立名称和组织形式，享有独立人格，使得其可以以自己的名义独立地对外从事商事经营活动，因此也拥有独立的财产。不论商主体的组织形式如何，其管理人员和股东都不得随意挪用或侵占其财产。其次，商主体作为有独立人格的主体，在对外经营活动中独立进行意思表示。

（4）享有商法上的权利义务。商主体是在商事法律关系中享有权利和承担义务的人，其中商事权利显著区别于民事权利和行政法上的权利。商事权利主要表现为商事法律关系中商主体的营业行为，包括直接经济关系中的生产经营行为、商品交易活动中的营业行为、间接经济关系中为社会生产经营活动提供的媒介和服务行为。商主体在一定时间内持续从事同一性质的营利活动，具有营业性和职业性的特征。

3. 社会资本之商主体身份

通过对社会资本的实质分析，笔者认为社会资本在政府和社会资本合作合同中的本质身份是商主体，社会资本在政府和社会资本合作项目中展现出的特质明显符合商主体的特征，具体表现在以下几个方面：

第一，商主体最重要的特征便是营利，其所从事的行为几乎全部以获取利益为目的，而营业权是商主体的基本权利，是自然权利。社会资本参与政府和社会资本合作项目最直接的目的便是通过建设和运营来获取回报，该回报主要表现为报酬等经济收益。有学者认为，社会资本加入政府和社会资本合作项目的目的是提供公共服务，是行使社会治理参与权的表现。但提供公共服务、维护公共利益本是政府的法定职责，社会资本只是替代政府提供公共服务的直接工具，政府的法定职责和义务不能转嫁给其他主体。不能仅以公共服务代表着公共利益而推定社会资本参与政府和社会资本合作的目的便是维护公共利益；相反，获得收益才是社会资本的最终目的。

第二，社会资本符合商主体的组织形式。商主体的类型法定，包括商法人、商合伙等。在现代经济中，提起商主体最先想到的便是企业法人，包括国有企业和非国有企业等法人主体，自然人只是很小的一部分，商主体不一定是企业法人，但企业法人一定是商主体。政府和社会资本合作模式的特殊性决定了自然人无法作为社会资本进行项目的招投标，故而能够成为社会资本的市场主体通常是能够独立运作并承担市场经济风险的企业。所以从组织形式上看，社会资本符合商主体特征。

第三，社会资本享有商事权利、承担商事义务。社会资本参与政府和社会资本合作项目，在其中享有经营权、回报收益权、组织形式决定权及依法破产的权利，而这些权利都为商主体依法享有。其中，营业权是商主体最核心的权利，是与民事主体、行政主体相区分最主要、最特殊的权利，社会资本享有建设和运营政府和社会资本合作项目的权利是其商主体身份最有力的支撑。社会资本还需要承担维护交易安全、遵守安全经营规范、重大事项披露等商事义务。因此，社会资本在政府和社会资本合作中享有的权利和承担的义务符合商主体特征。

第四，社会资本在政府和社会资本合作中能够保持经营和意思自治的独立性。对政府方来说，社会资本不是行政相对人，不受行政主体强制性的控制。社会资本作为市场主体，能在采购阶段自主决定是否参与政府和社会资本合作项目投标、项目运行阶段，能在约定的范围内自主选择合理的建设和运营方式。作为政府和社会资本合作合同的主体之一，能保持自身经营的独立性，意思自治不受行政主体的权力干扰。

社会资本作为市场主体，参与政府和社会资本合作的目的主要是获取利益，其在政府和社会资本合作合同中表现出显著的商主体特征。我们有充分的理由表明，社会资本的身份就是商主体。

三、政府与社会资本之合作伙伴关系

萨瓦斯曾指出，公共服务领域有三个主要的参与者，即产品（或服务）的生产者、消费者和统筹安排者。生产者直接组织生产或者直接向消费者提供服务，消费者直接享受公共产品（或服务），统筹安排者则根据消费的需求向生产者派送生产产品（或提供服务）的任务。[1] 政府和社会资本分别充当了统筹安排者与生产者的角色。在政府和社会资本合作合同中，由于合同具有相对性，政府和社会资本作为合同的主体，两者之间处于怎样的相互关系，是需要重点加以解决的课题。对此，笔者围绕公共部门与私人部门之间的关系探讨其互相之间的权利、义务，进而明确它们所应有的地位和身份。

（一）相对独立的合作伙伴关系

西方国家所推行的政府和社会资本合作是建立在市场经济基础之上的公

---

[1]［美］E. S. 萨瓦斯:《民营化与PPP模式: 推动政府和社会资本合作》，周志忍等译，中国人民大学出版社2015年版。

共部门与私人部门合作，是一种可持续的、良性的、界限分明的合作伙伴关系。在这种模式下，公共部门的优势与私人部门的长处都能够得到充分的发挥和利用。公共部门与私人部门合作的模式能否发挥出设想的效果，其核心在于能否在公共部门与私人部门之间建立起相互制衡、权责分明、监督有效的伙伴关系。我国在运用政府和社会资本合作时，要建立类似的合作伙伴关系，这就要求参与政府和社会资本合作的社会资本投资主体一定要具有独立性，能够不受地方政府左右，能够与地方政府建立权力制衡和利益博弈的关系。在大力推行政府和社会资本合作的过程中，需要明确政府和社会资本之间的界限，确保社会资本与政府方权利义务的平等。在合乎逻辑的政府和社会资本合作模式下，社会资本与政府之间不能存在人事、行政管理上的管理与控制关系，社会资本必须是能够与政府相互独立的社会力量，这也是采用政府和社会资本合作模式的底线。同时，政府将公共产品（或服务）的供应职能通过合同的形式全部或部分地转嫁出去，这就要求社会资本履行普遍服务义务，即保障持续可用的及公众用得起的基本公共服务，而这需要优化制度设计，明确政府和社会资本合作合同条款，将行政主体与行政相对人之间的上下级关系转化为平等主体之间的合同关系。虽然政府和社会资本合作项目中的私人部门在获得自身的商业利益时所受的限制要比一般的企业多，但也不能因此认为，社会资本参于政府和社会资本合作项目是为了实现社会治理的参与权，而不是为了盈利。事实上，社会资本不得损害公共利益，正是民商事行为不得损害公共利益原则的体现。

（二）政府交易与监管角色

在政府和社会资本合作合同中，一般会既约定政府承担监督职责，又约定政府作为交易角色应享有的权利和承担的义务，而带有强势公权力的政府监管角色与建立在平等、合作基础之上的政府交易角色总是处于相对的法律地位，且对这两个角色经常难以区分。

1. 政府监管角色

政府在政府和社会资本合作项目中既是公共服务的间接提供者，又是项目建设的监管者，在政府和社会资本合作合同中具体体现为对相关事项的许可、审批等。一方面，政府的监管可以保障项目按照预定的计划进行、保证资金的合理有效使用，极大地降低项目的建设和运营风险，从而促进项目目标的达成；另一方面，政府监管的不作为或者监管的滥用，例如迟延拖延审批、随意进行收费变更、过度干预项目公司内部治理等，又会导致双方利益皆损的后果。政府作为监管者，在政府和社会资本合作项目的不同阶段有不同的表现。如在项目识别阶段，财政部门及发展改革部门需要对各部门潜在的政府和社会资本合作项目进行筛选和评估，对项目开展定性和定量的物有所值评价工作，根据项目全生命周期的政府财政及债务进行财政承受能力论证等。[1]

2. 政府交易角色

除监管角色外，政府还扮演着市场交易角色。例如与社会资本展开大范围的深度合作，相互协商以实现各自利益的最大化，充分考虑双方利益，平等协商政府和社会资本合作合同的权利义务，遵守并诚信履行政府和社会资本合作合同义务，充分尊重及保障社会资本应得的利益。政府与社会资本在平等、诚信的原则下充分履行合同义务十分必要。首先，政府扮演好市场交易主体的角色，有利于激发社会资本的投资积极性，增加社会资本的信任感，社会资本的合法权益能够得到充分保障，便可以促进政府以最小的成本投入获得最大化的公共利益，从而降低交易成本、提高项目效率。其次，如果不能扮演好市场交易角色，将带来严重的政府信用危机，进而导致整个政府和社会资本合作项目的失败。在政府和社会资本合作发展的不同阶段，市场交易角色的表现形式也不同。在项目前期的准备阶段，政府与社会资本相互协商，根据双方的实际情况确定合适的风险分配规则，并就权责边界、交易条件、资本结构等达成合意。[2]而到了项目执行阶段，政府交易角色则表现为参与

---

①段绪柱：《公私合作制中的政府角色冲突及其消解》，《行政论坛》2012年第4期，第42—45页。

②余晖、秦虹：《公司合作制的中国实验》，上海人民出版社2005年版。

融资协商、出资并持有股权、在社会资本按照合同之约定完成建设和运营义务后履行支付或补贴义务、执行相应的奖励惩处约定、在项目出现危机时采取相关的救济措施等。①

3. 监管与交易角色的平衡

在政府和社会资本合作模式中，政府监管角色和交易角色分别对应着不同的要求。监管角色要求政府充分保护社会公共利益，按照政府和社会资本合作合同的约定，合法合约地对整个政府和社会资本合作项目过程进行监督，站在维护公共利益的角度上对社会资本采取适当的监督手段。交易角色则要求政府必须信守契约，充分尊重社会资本的合法权益，不滥用行政权力对项目及社会资本进行横加干涉，恪守诚实信用原则。要促进整个政府和社会资本合作项目的良好运行，必须充分平衡政府在与社会资本关系中的监管角色和市场交易主体角色。只有实现政府在两个角色之间的内部平衡，才能充分实现政府与社会资本之间的外部平衡；②只有不断地在双方主体之间寻求平衡，才能保障政府和社会资本合作项目的良好运行。

第三节 政府和社会资本合作合同主体之连接载体

一、政府和社会资本合作项目公司种类及特殊性

大多数政府和社会资本合作项目的建设、运营都由项目公司承载。政府和社会资本合作项目公司是由项目所在地工商登记部门核准设立、具有独立法人资格的商主体。在政府和社会资本合作项目的实施过程中，具体由项目

①NAGELKERKE M,VAN VALKENBURG M. "Lacking Partnership in PPP Projects". European Procurement&Public Private Partnership Law Review，2016(4)，pp.346-360.

② 邢会强：《PPP 模式中的政府定位》，《法学》2015 年第 11 期，第 17—23 页。

公司负责政府和社会资本合作项目的投融资、建设、运营等从落地到终止的各项事宜，对政府和社会资本合作项目的诞生、持续和终止起着至关重要的作用，因此也被称作"特殊目的载体"（Special Purpose Vehicle，SPV）。

（一）项目公司的类别

1. 政府不出资的项目公司

政府不出资而设立的项目公司，顾名思义，政府方不参股，其股权结构中社会资本方占股100%。设立后按照社会资本及政府方相互之间的权利义务进行政府和社会资本合作项目的投融资、建设、运营等活动，政府方只负责对项目进行监督。

2. 政府出资的项目公司

政府出资的项目公司是由政府与社会资本共同出资、共同参股而设立的项目公司。相关政策法规要求政府方出资比例一般不超过50%，不成为项目公司的实际控制人。政府出资设立的项目公司中，政府方往往会作出放弃股权分红的承诺。根据相关税收优惠政策，社会资本方实际取得的股息、红利等权益性投资收益金额中，超过其实际投资比例的部分可以享受税收优惠。

3. 融资方投资的项目公司

政府和社会资本合作项目周期长、资金需求大，所以在部分政府和社会资本合作模式中，政府方为了支持政府和社会资本合作项目建设会引入国家政策性基金，或者社会资本方在投资中为了融资需要引入基金产品或资管产品作为股东，从而设立由融资方与社会资本共同出资的项目公司。对于政府不出资、融资方投资的项目公司而言，政府在公司中不参股，不会利用股权对其产生实质性的影响或控制。在设立及组织形式上，除了需要满足在项目所在地注册的硬性要求外，与普通企业法人不存在差异。

（二）项目公司的特殊性

可以说，项目公司是带着特殊的项目目的诞生的，相比于普通的企业法人，其在成立目的、股权结构、存废设定等多方面存在特殊之处。[①]第一，项目公司的成立目的特殊。项目公司的成立目的是为政府和社会资本合作项目的实施和经营提供融资、风险隔离等保障，除运作政府和社会资本合作项目之外，一般不会从事其他活动。第二，股权结构特殊。实践中绝大部分项目公司都存在政府参股的情况，虽然社会资本必须占有多数股权且掌握控制权，但政府往往放弃分红权并享有一票否决权。另外，为防止项目出现暂停、中止、无端终止的情形，往往会约定社会资本方在一定期限内不得转让所持有的股权；相反，对政府却没有限制。第三，项目公司的存废特殊。设立项目公司的目的特殊性决定了其经营范围限定在特定的政府和社会资本合作项目范围内，其全部业务为特定的政府和社会资本合作项目的建设及运营业务，一旦该政府和社会资本合作项目宣告终止，便完成了其应有的历史使命。

二、政府和社会资本合作项目公司公法与私法地位的界定

政府参股导致政府和社会资本合作项目公司成了公、私部门合力的载体，不同性质的股权结构对公、私二元法律地位的理论造成了巨大的冲击。[②]正确区分政府和社会资本合作项目公司法律地位，对我国政府和社会资本合作的发展和公私双方利益的保护、项目公司内部治理的规范等至关重要。对法律地位进行区分的目的，在于规范项目公司法人治理结构，从而为法律规范的选择适用、法律行为的规制提供理论和法理的保障，为整个项目的建设和运营规避风险、保驾护航。

[①] 赵萌琦：《国内 PPP 治理结构不平衡问题及对策》，《法制与社会》2020 年第 2 期，第 68—69 页。

[②] 陈学辉：《政府参股 PPP 法律地位：理论反思与标准建构》，《行政法学研究》2017 年第 5 期，第 134—144 页。

（一）控制力理论——股权控制

控制力理论是从德国汉堡电力公司案中总结出来的，其核心在于判断政府是否对私营主体的运营产生实质上的控制力。按照该理论，若政府对于某一主体的营业可以产生绝对的控制力，那么该私法上的主体便获得了处于公法上的法律地位，其行为产生公法上的效果。例如，德国汉堡电力公司由汉堡市政府持股72%，剩余28%股权由2.8万名私人股东持有。因为某一用户拒不缴纳电费，为减少损失，汉堡公司决定停止对该用户供电。该用户将汉堡公司诉至法院，请求法院认定汉堡公司中止供电行为违法，并得到了法院的支持。而后，汉堡公司因对判决不服而上诉至德国宪法法院，请求法院认定其在法律地位上属于私法人，享有一般私主体的自由平等权。德国宪法法院驳回了其诉讼请求。法院认为，供电是一项照顾生存的公共任务，尽管汉堡公司股权并非全部为政府所享有，但汉堡公司的经营权被政府完全控制，已不再具有经营决策上的独立性，几乎丧失了私法赋予独立法人的自主性。该案判决对于德国法律的历史发展起到了巨大的推动作用，形成了以持股比例的多寡作为认定公、私法人性质的标准。

控制力标准的进步之处在于，通过对法人的控制力大小进行判断，并将持股比例的多寡作为认定其是否具有控制力的关键因素。但是，单一地将控制力属性作为认定法人性质的控制力标准并不完全契合实际，在许多非政府垄断的经济领域内，政府同样可以与私人主体共同设立政府与社会资本合作项目公司。在这些领域，政府不属于公共产品（或服务）的提供者，其实施的行为在本质上与私法人无异。但依据控制力理论，这类法人依然属于公法人。因此，法人的法律地位与控制力理论并不具有完全意义上的关联性。

（二）授权标准——政府授权

授权标准源于1988年韦斯特诉阿特金斯案，体现了美国法上的主流观点。该标准认为，只要政府等公共部门与私人主体之间存在授权行为，那么该主体在授权范围内基于授权所为的行为便可等同于国家行为。本案中医生阿特金斯接受政府的委托为囚犯韦斯特进行医疗检查，因阿特金斯的操作不当致使韦斯特的身体遭受损伤，韦斯特随后提起诉讼。美国联邦最高法院认为，虽然医生阿特金斯为私人主体，但其为韦斯特提供医疗服务是经过政府授权的，属于政府行为。[①] 按照授权标准，认定某一主体法律地位的核心在于判断该主体与公共部门之间是否存在公权力的授权。法人或组织一旦接受行政主体的委托，那么其行使受托公务行为时便处于公法上的法律地位。但是，由于授予私人主体的权力类型十分广泛，既可能为公权力，也可能是私权力，而且该标准会促使对公权力的认定范围太过宽泛，因此授权标准也无法为主体法律地位的认定提供统一明晰的标准。

（三）作用法标准——任务属性

以任务属性为核心的作用法标准源于德国电信公司案。该标准的作用途径为通过判断一个法人的经营活动与任务定位是否能够直接归属于私经济领域，进而判断该法人是否具有私法上的权利能力。德国电信公司案中，一家由德国联邦政府占多数股权的电信公司，因为不满行政主体对其严格管制而向法院提起诉讼，请求确认其是否具有基本权能力。德国联邦行政法院审理认为，虽然电信公司的绝大部分股权为国家所持有，但电信公司在经营上已经摆脱了政府的粗暴干涉，能够享有基本的财产权和营业权，具有作为私主体的基本权能力。原告的基本权能力源自其从事的私经济活动和任务，在这个范围内，其基本权能力与公法上的部分特别财产相分离，即便德国联邦政府持有绝大多数股份，但多数股份已不再具有决定作用。[②] 作用法标准的诞生，意味着德国法明确采用了"私经济活动"的概念，抛弃了德国宪法法院所确定的"身份标准"，主张对公经济活动与私经济活动进行区分，从而形成了合理性与逻辑性的自洽。作用法理论标准也存在缺陷，其对于行政任务

---

① 陈学辉：《政府参股 PPP 法律地位：理论反思与标准建构》，《行政法学研究》2017 年第 5 期，第 134—144 页。

② 詹镇荣：《民营化法与管制革新》，元照出版有限公司 2005 年版。

的属性难以认定。国家任务随着时代的发展不断变迁,行政权力的内涵也被不断修正,市场与国家的界限越来越不容易区分,由古典自由法学派建立的政府与社会二元分化的社会格局逐渐向着交叉融合的趋势发展,行政权不断扩张。[①]另外,由于国家承担的公共任务的目的与经营范围之间可能存在偏差,无法完全耦合,政府部门等行政主体参加的行为也并不一定都涉及行政权力。因此,作用法标准虽然具有一定的合理性,但也很难在实践中对各种复杂的行政任务进行准确界定。

(四)修正的作用法标准

项目公司的特殊性使对其法律地位的评判成了法学上的难题。对于私法人能否获得公法人法律地位的问题,几乎很难进行通常意义上的概括解答,只能依据个案分别判断。有学者提出,以是否在相关市场中享有国家独占经营的地位作为判断法律地位的标准,便可摆脱对任务和权力属性难以判断的局面。[②]随着历史的推进,公法与私法融合已是不可阻挡的发展趋势,在这样的时代潮流下,对公法人与私法人进行简单区分变得十分艰难。而行政权力在经济领域的直接表现便是独占经营,国家干预市场的本质便是行政权力的行使。适用到公共事业领域,国家的干预则表现为政府设立相关企业,对某一事业进行独占经营,这也意味着国家排除了社会资本的准入。公共服务在传统上属于自然垄断的范畴,一般由政府直接提供,国家在法律层面制定强制性规范,对政府的履约行为予以约束。但是随着社会的发展和科学技术的进步,部分公共服务行业开始向竞争行业分化。在垄断行业,国家实行严格的管控政策,一般会对行业准入条件、价格等进行控制,并设立国资公司进行独占经营,占据垄断性地位,将私人经济活动排除在外。而在竞争性行业,

---

① [法]古斯塔夫·佩泽尔:《法国行政法》,廖坤明、周洁译,国家行政学院出版社2002年版。

② 陈学辉:《政府参股PPP法律地位:理论反思与标准建构》,《行政法学研究》2017年第5期,第134—144页。

政府允许其他非国有性质的企业加入经营，不会对企业经营的价格予以限定，也不会对相关企业的交易自由进行限制。如在电力行业，发电属于竞争性行业，除中国国电集团有限公司等多家国有企业或控股企业外，还存在大量民营企业，而电力输送则属于强垄断行业，只能由国家电网、南方电网，以及其下属多家区域性和省级输电公司经营，且国家对电力价格进行强制规制。

国家的独占经营排除了企业的自主定价权，限制了企业的交易自由权。因此，若取得独占经营地位，其便具有公法上的法律属性，承担公法上的义务；相反，若不是由国家进行独占经营，则诸多市场主体都可参与业务的竞争，可以充分地发挥市场私法自治的优势，国家不会过多地运用行政权力对企业的经营进行过度干涉，仅需适当进行监督，以确保产品（或服务）的质量。[①]在此种情形下，企业更多地扮演着市场交易主体的角色，在公司内部治理上也更多地表现出商法人治理的特征。

三、政府和社会资本合作项目公司治理中的权责失衡

实践中，大多数已设立的项目公司股权结构中既有政府出资代表，又有社会资本主体。政府既是代表公共利益的公共部门，又与社会资本互为合作伙伴，兼具私主体身份，因此在公司治理上便容易出现政府权责界限不清、过度干预治理的现象，这些现象给项目的正常运转带来了极大的障碍。

（一）法人治理现状

公司治理的研究随着社会经济的发展不断向前推进，由狭义上的公司治理开始向广义的公司治理转变。[②]所谓广义的公司治理，即除内部治理结构外，还应当重点考虑财务、运营、风险、战略、文化等因素；狭义的公司治理只

---

① 陈甦：《商法机制中政府与市场的功能定位》，《中国法学》2014 年第 5 期，第 41—59 页。

② 赵万一、华德波：《公司治理问题的法学思考——对中国公司治理法律问题研究的回顾与展望》，《河北法学》2010 年第 9 期，第 2—21 页。

关注公司内部的权利义务。在政府和社会资本合作模式中，成立后的项目公司的核心在于公司治理，突出表现为股权优化和风险分散。[①]目前国内对政府和社会资本合作治理问题的研究，重点聚焦于投融资和股权构建，有学者出于对股权结构的考虑，创造性地在黄金股和比例分配等方面进行了制度上的探索。所谓"黄金股"，又名"金股"或"特殊管理权"，即实质持有人无须投入大量的资本，就能在重大管理决策事项中享有绝对意义上的确认权或者否决权。[②]一般情况下，享有黄金股的股东在企业中占股比例较小，按照《公司法》的规定并不属于控股股东，实践中，享有黄金股的股东一般不享有股东分红权和剩余财产分配权，没有直接经济价值，只拥有象征意义上的股份。在政府和社会资本合作实践中引入黄金股，初心在于解决社会资本在治理中面对市场自由支配地位与政府监管权之间的冲突的问题。然而，黄金股的出现却未能促进政府和社会资本合作更好地发展，相反，越来越多的学者认为，项目公司的治理需要充分保障社会资本的投资回报和公司治理的自主权，主张限制政府过度扩张的监管权力，需要将政府过度的权力关进制度的笼子里。

（二）政府监管权过度扩张

政府在政府和社会资本合作中具有双重身份（既是合约主体，又是监管者），这使其在项目运作过程中既充当"裁判员"又扮演"运动员"的现象时有发生。在管理、经营方式、项目建设和收益分配等方面，时常出现政府随意干涉项目公司的公司治理的现象。例如，经常出现一些事项的审批必须先通过审核，再由行政主体决定方可实施等严重干扰治理的情形，严重阻碍了项目公司的独立性治理，有违市场化目标的实现。[③]另外，现有法规仅对

[①] 王俊豪、金暄暄：《PPP 模式下政府和民营企业的契约关系及其治理——以中国城市基础设施 PPP 为例》，《经济与管理研究》2016 年第 3 期，第 62—68 页。

[②] 张雅璇、王竹泉：《从合伙契约到产权重建：走出 PPP 项目落地难的困境》，《财经问题研究》2019 年第 2 期，第 35—42 页。

[③] 湛中乐、刘书燃：《PPP 协议中的法律问题辨析》，《法学》2007 年第 3 期，第 61—70 页。

社会资本的股权转让设定锁定期，而政府是否受锁定期的限制尚不明确，制度的空缺导致政府经常在社会资本锁定期内对项目公司的融资、项目合同的变更、对外担保等进行过度干扰，[①]严重损害了各方利益。

（三）对政府方的监管缺失

目前，政府和社会资本合作的项目公司在公司治理方面存在机制不健全、监管缺失等问题，这影响了社会资本方的自主性，使得社会资本在项目的建设与运营方面难以发挥专业作用。政府的干扰行为既严重损害了社会资本的利益，也与政府和社会资本合作利益共享、风险分担的理念相悖，进而导致社会资本在进行政府和社会资本合作项目合作时丧失信心，严重阻碍政府和社会资本合作项目的发展。因此，在项目公司治理中，如何厘清政府作为合作者与监管者的双重角色，减少不必要的干预，保障自我治理的独立性、增强社会资本参与治理的积极性，是市场化治理目标亟须解决的问题。[②]

政府和社会资本合作合同主体构成的核心为公共部门和私人部门，经过中国特色社会主义经济制度的洗礼，我国的政府和社会资本合作已经不再是传统意义上的纯粹公与私的合作，而是在私有组成中包含了部分公的成分。政府方在政府和社会资本合作合同中更多地以机关法人的身份出现，而非行政主体。而社会资本方在政府和社会资本合作合同中的身份为商主体，表现出极强的私有属性，展现出明显的市场竞争性和独立性。政府与社会资本构成相互独立的合作伙伴关系，尽管政府享有对社会资本进行监管的权利，但其作为市场交易主体，必须以合同的约定为前提。作为政府与社会资本的连接载体，项目公司也表现出明显的私法属性。为保证项目公司的自我治理，政府应减少对项目公司的干预。从政府与社

---

① 张守文：《政府与市场关系的法律调整》，《中国法学》2014 年第 5 期，第 60—74 页。
② 仇晓光：《PPP 模式中特殊目的公司（SPV）治理法律问题》，《国家检察官学院学报》2019 年第 5 期，第 144—158 页。

会资本的身份来看，两者在政府和社会资本合作合同中的法律地位平等，因此，对于建立在平等主体之间的政府和社会资本合作合同，理应将其定性为民商事合同，而非定性为作为行政机关直接实现行政任务工具的行政合同。

第三章　政府和社会资本合作合同法律属性之行为界说

第一节　政府和社会资本合作行为视角窥探

一、合同法律属性评价的错位

从哲学上看，行为往往是引发结果的重要原因之一，而结果则体现出行为的价值，不同的行为形式通常会引起不同的结果，可以说，行为会影响或导致结果。在法学领域，很少会直接对结果进行探讨，学者们更愿意探究行为与结果之间的价值意义或联系——因果关系。例如，在刑法领域热衷于探讨行为无价值与结果无价值的意义，在侵权法领域通常探讨损害结果与侵权行为之间的因果关系。除此之外，行为与结果往往还以另一种关系出现，即"行为—法律关系"，例如民事行为产生民事法律关系、行政行为产生行政法律关系、犯罪行为产生刑事法律关系等。在政府和社会资本合作模式中，行为包括政府和社会资本各自实施的行为，而政府和社会资本合作合同则是整个政府和社会资本合作的重要结果，因为政府和社会资本合作模式产生的法律关系主要在政府和社会资本合作合同中得到体现。由于政府与社会资本实施的行为将直接影响双方之间的法律关系，故政府与社会资本的行为也将对政府和社会资本合作合同产生极大的影响。鉴于这种关系，本章将从对行为的探究来窥探政府和社会资本合作合同的法律属性。

理论界与实务部门对政府和社会资本合作合同法律属性的定性产生了极大的争议，其重要原因之一是部分学者将整个政府和社会资本合作过程全部纳入对政府和社会资本合作合同的评价之中，由于政府和社会资本合作确实存在部分行政因素，诸多学者因此认为政府和社会资本合作合同属于行政合同。事实上，政府和社会资本合作合同无法代表整个政府和社会资本合作过程，其只能反映政府和社会资本合作达成的交易结果。从行为与结果的关系来看，认为政府和社会资本合作合同属于行政合同的观点存在两个错误：一是否定政府和社会资本合作行为中大量的民商事行为，如政府向社会资本付费等行为；二是以偏概全，将政府实施的行为全部定义为行政行为。事实上，政府基于政府和社会资本合作合同实施的大量行为并非行政行为，在实施这些行为时，政府化作市场主体，其行为应当归为民事行为。混淆政府和社会资本合作行为与政府和社会资本合作合同行为，意味着将整个政府和社会资本合作行为用于对政府和社会资本合作合同的评价。追根溯源，可发现政府和社会资本合作合同行为更能反映政府和社会资本合作合同的本质特征。

就整个政府和社会资本合作模式而言，政府和社会资本合作合同是整个合作的表现形式（也可称为介质），也是整个合作的核心。从行为角度看，政府和社会资本合作合同是一系列行为产生的结果，考虑到行为与结果之间存在的某种因果关系，笔者认为对政府和社会资本合作合同的法律属性进行探讨，完全有必要从整体与局部进行考虑，对政府和社会资本合作行为和政府和社会资本合作合同行为渗透的民商事法律行为与行政法律行为进行质与量的对比研究。

二、政府和社会资本合作行为与政府和社会资本合作合同行为之明辨

政府与社会资本在政府和社会资本合作模式中的行为被称为政府和社会资本合作行为。笔者对此的理解是，政府机关和社会资本（或称"公共部门与私人部门"）为了提供某项服务，在相互合作的过程中实施的一系列行为的总和，或者说是政府机关与社会资本在合作过程中各自展现出来的行为逻辑。其内容十分宽泛，几乎包括了政府和社会资本合作项目全生命周期中政府方与社会资本实施的一切行为，涵盖从项目识别阶段，到项目准备阶段、项目采购阶段、项目执行阶段，再到项目的终止的全过程。在政府和社会资本合作模式下，政府部门长期以来强制命令式的行政手段发生改变，政府与社会资本的关系开始向着合作伙伴关系转变，大量的行政任务开始以"私法的形式和方法"来完成，社会资本逐渐参与公共服务的供给。[①]

政府和社会资本合作合同行为并不等于政府和社会资本合作行为。借鉴现有法律体系关于民事法律行为与合同的定义，笔者尝试对政府和社会资本合作合同行为作出这样的定义：政府与社会资本之间设立、变更、终止政府和社会资本合作法律关系的合同行为。从范围上看，政府和社会资本合作行为的内涵与外延较政府和社会资本合作合同行为更为宽泛，政府和社会资本合作行为包含政府和社会资本合作中政府和社会资本实施的一切行为，而政府和社会资本合作合同行为限定在双方形成、变更、终止政府和社会资本合作合同的过程之中，故政府和社会资本合作合同行为包含于政府和社会资本合作行为。综上来看，政府和社会资本合作行为还包含部分与社会资本无关的审批等行为，如财政承受能力论证。相较于政府和社会资本合作合同行为，其行政因素更多，公法属性更强，而政府和社会资本合作合同行为则表现出更多的私法属性。

---

① 吴立香、王传干：《公私合作的兴起及法律规治》，《苏州大学学报（哲学社会科学版）》2018年第2期，第72—82页。

第二节　政府和社会资本合作行为本质

一、政府和社会资本合作行为的内涵

（一）政府和社会资本合作行为的复杂性

德国法学家丹尼尔·奈特尔布兰德最早提出了法律行为的概念，并用以描述享受权利并承担义务的行为。萨维尼将法律行为理论发扬光大。[1]学界针对法律行为的争议颇多，既有广义上的法律行为，也有狭义上的法律行为。广义上的法律行为泛指一切与法律有关的行为，既包括民事行为，也包括行政法律行为、商事法律行为、刑事法律行为等。而狭义的法律行为专指以意思表示、意思自治为核心的民事法律行为。总体上，自萨维尼以来，法律行为便承载着私法自治的理念，法律效果与意志之间的因果关联构成了法律行为的根本特征。[2]本书在此讨论的法律行为为狭义上的法律行为。

不可否认的是，政府和社会资本合作行为既包含部分法律行为，又包含部分行政法律行为。首先，政府和社会资本合作行为的实施往往借助于契约，而契约这一形式就决定了意思表示是绕不开的因素。政府和社会资本合作行为往往包含了政府和社会资本合作合同行为、政府与社会资本之间的双方选择行为等，这些行为无不蕴含着主体意思自治和意思自由的表达，而意思自治是法律行为的核心。因此政府和社会资本合作行为具有很明显的法律行为特征，这一点毋庸置疑。其次，由于政府和社会资本合作行为包含了享有行政职权的政府方这一特殊主体所实施的行为，这便从根源上决定政府和社会资本合作法律关系不可能建立在两个地位完全平等的主体之间。即便某一行

---

[1] 朱庆育：《法律行为概念疏证》，《中外法学》2008年第3期，第325—372页。

[2] 朱庆育：《法律行为概念疏证》，《中外法学》2008年第3期，第325—372页。

为在表征上完全表现出法律行为的特征，政府方的行政地位也总会对整个合作产生或多或少的影响。在政府和社会资本合作的各个阶段都有行政行为的影子。

政府和社会资本合作行为确实包含了部分带有公法属性的行为，但这不应作为直接认定政府和社会资本合作合同属于行政合同的依据，判断政府和社会资本合作合同属性还需对整个政府和社会资本合作行为进行质与量的分析。

（二）政府和社会资本合作行为之行政形式选择自由理论

传统法治思想要求，政府必须严格依据法律规定实施行政行为。此时行政行为的方式、流程、规制等都严格受到限制，政府方只能选择类型化的行政行为来完成行政任务，以满足"依法行政"的要求。[①] 但是，随着时代的发展尤其是第二次世界大战以后，各种行政任务不断增加，政府所处的行政大环境发生了天翻地覆的变化，但对应的行政方式和手段并不充裕。为缓解政府机关无法及时完成其行政任务的问题，法学家和政治家们在行政效率降低和行政成本增加的双重压力下，出于对服务型政府等新型行政理念的考虑，开始探讨给予行政主体更大的行政行为自由，[②] 以应对日益扩张的行政任务。因此最早在德国出现了行政形式选择自由理论，民法没有必要明确规定自己也适用于国家；相反地，只要国家在从事满足民法中规定的要件的活动，那么国家的行为同样可以理解为民事行为。[③] 在法国，行政法也规定行政主体可以选择不同的方式和手段来完成法定的行政任务，既可以单方授权的方式授予社会资本相应职权，亦可以合约的形式对社会资本进行委托。行政行为形式选择自由促进了行政制度的改革，推动了行政模式的发展，对传统公、私二元行政体系产生了巨大的冲击。

[①] 李国平：《论行政行为形式选择自由》，《法制与社会》2019 年第 16 期，第 212—213 页。

[②] 章志远：《迈向公私合作型行政法》，《法学研究》2019 年第 2 期，第 137—153 页。

[③] ［德］奥托·迈耶：《德国行政法》，刘飞译，商务印书馆 2013 年版。

具体来说，政府定位由管理员向服务员转变，强制命令式的行政决定开始转为与相对人通过沟通、协商以达成合作，传统的行政法开始向着公、私融合的态势发展。从这个角度来说，政府和社会资本合作行为是行政行为向合作行为的转变。

（三）政府和社会资本合作行为本质——合作行为

政府和社会资本合作行为是政府方在面临日益增加的行政压力时，为适当完成行政任务而寻求与社会资本相互合作，共同承担工作任务抑或直接将工作任务转嫁给社会资本，由政府方与社会资本共担风险、共享利益的合作行为，其核心就是合作。随着行政任务的日益复杂，政府方不得不开始借鉴社会资本的资金、技术优势，双方为追求彼此利益的最大化，建立起平等的磋商程序。政府方的行为形式也逐渐发生变化，命令强制为主的方式不再满足政府和社会资本合作的需要，公共部门开始探索通过磋商、谈判等方式以达成契约的形式来作为完成行政任务的手段，大量的行政任务开始以合作的形式完成。政府与社会资本的合作模式改变了单方高权式的传统行政模式，社会资本也开始参与公共服务，行政权力不再为行政部门所垄断。

政府和社会资本合作的主要意义之一在于消除了政府与社会资本之间的层级壁垒，双方地位开始表现出一定程度的平等。政府方与社会资本通过沟通、谈判等程序交换意见，以达成合意目标，形成合作。双方不再是命令服从式的行政关系，而是相互协调的合作伙伴关系。因此，政府和社会资本合作行为的本质是政府方与社会资本的相互合作行为，而非简单的民事法律行为与行政法律行为的杂糅。

二、政府和社会资本合作行为与商行为的通融

（一）商行为的内涵特点

商行为，顾名思义是与商事经营活动存在关联的行为，是建立在法律行为的基础之上发展起来的分支。通说观点认为，人们对商行为的研究起源于

19 世纪的欧洲，受法国大革命之影响而制定的 1807 年《法国商法典》被认为是开创了对商行为主义立法体例的先河，但法典并未定义商行为的概念。法国商法学界将商行为定义为"是任何主体以营利为目的的活动"，这是建立在客观主义立场之上的定义。而主观主义流派的学者则认为，对商行为进行定义要以商人身份为基础，颁布于 1897 年的《德国商法典》将商行为定义为"经营商事营业的商人的行为"，此种定义下的商行为有两个构成要件：商人身份和有关行为属于商事经营。以主观主义和客观主义为基础，日本开创了折中主义的学术观点，1899 年日本通过并施行的《日本商法典》，在形式上采取商行为主义为主而兼顾商人主义的立场，对商行为的认定提出了绝对商行为和营业商行为的概念。绝对商行为强调行为本身的营利属性，而营业的商行为则强调营利行为的持续性和稳定性。①

1. 商行为目的的营利性

从商行为概念的历史变迁中可以发现，不论是采取主观主义立场的《德国商法典》，还是采取客观主义立场的《法国商法典》，抑或是折中主义立场的《日本商法典》，对商行为概念的定义都绕不过"经营"这一重要因素。尽管某些商行为是基于其本身的营利目的的属性，如证券交易行为，而另一些商行为的确定纯属是因为商法的传统，例如票据行为，但是一般意义上商行为的确定标准应当是行为的经营本质，而"经营"的本质在于追求利益，商行为本质上为市场行为，其根本目标在于实现利润最大化，此即其营利性。②以营利为目的使商行为区别于司法行为、行政法律行为等非营利行为。

2. 商行为的意思表示本质

商行为本质是私法行为，而私法行为的核心在于意思表示。不论采用何种法律体系的国家，将商法划分为私法的范畴都是毫无争议的。私法所调整的社会关系主体地位的平等性、保护权益的私益性决定了私法将以意思自治

---

① 郭晓霞：《商行为与商主体制度研究》，中国人民公安大学出版社 2010 年版。
② 范健、王建文：《商法学（第 5 版）》，法律出版社 2021 年版，第 45 页。

作为主要的调整手段，私法自治精神被认为是私法与生俱来的基本属性。[①]私法权利和义务的创设仅需当事人的合意，法律一般不会直接对当事人之间的权利义务关系做出规定，而是通过权利能力和行为能力授予当事人依自由意志创设权利和义务的资格。而商行为的私法属性决定了商主体的主观目的必须要通过一定的方式表达出来才能达到预期的效果，因此商行为同样以意思表示为构成要件，商行为的本质是意思表示行为。

3. 商行为的效力解释适用外观主义

外观主义意味着行为所发生的效果以交易过程中双方的意思表示或其公示的交易条件为准则。与其相对的是意思主义，意思主义是解释法律行为意思表示含义的方法，强调主体的真实意思。因此当意思表示与主体真实的意思不同时，法律行为的内容应当以内心的真实意思为准。而商行为表现出的大量、连续、反复、高效的交易体系，决定了不可能以维护商主体个人权益为目标，而是以维护动态的交易安全为价值追求。依外观主义，在理解和解释商行为的意思表示内容时，要注重行为的表征，侧重于以商行为相对人善意且合理的理解为准，而不去探求商主体的真实意图。[②]外观主义的解释规则在公司登记、票据解释、表见商事代理等领域均有体现。

4. 商行为受公法和私法的双重调整

商行为的本质是私法行为，因此毋庸置疑，其主要受到私法规范的调整。而笔者在此需要探讨的是商行为受公法调整的必要性。商行为受公法调整主要表现为商法规范中掺杂了许多具有国家强制性的规范，商主体的意志自由受到很大程度的限制。从宏观上看，商事立法中更加强调凯恩斯主张的国家对经济的职权干预，对商主体、政府和社会经济关系的调节、对社会公共利益的维护等内容，均体现出明显的公法属性。从微观上看，对商行为进行调整的主要为商法，而商法作为规范市场交易的专有法，其中最为重要的就是规范市场的高效性，如果不引入强制性规范，仅通过国家强制干预手段去规

---

① 郭晓霞：《商行为与商主体制度研究》，中国人民公安大学出版社 2010 年版。

② 郭晓霞：《商行为与商主体制度研究》，中国人民公安大学出版社 2010 年版。

范商主体的市场交易行为，就会落到国家强力干预说的陷阱之中，[①]不仅不会促进市场交易的高效，反而会造成商事活动的紊乱。因此商行为既需要受到私法的调整，其出于稳定市场交易、限制商主体自由意志的考虑，还需要受到公法的调整。

（二）行为之间的通融

在目前的学术界，政府和社会资本合作行为一直处于争议状态，不同法学家对政府和社会资本合作行为的论述也大多是基于其不同的视角进行的。[②]行政法学家认为，政府和社会资本合作行为属于行政法律行为；而民法学家则认为政府和社会资本合作行为属于法律行为，政府和社会资本合作合同应当受到《民法典》的调整；还有部分学者认为政府和社会资本合作行为属于法律行为与行政法律行为的混合，政府和社会资本合作合同属于混合合同。各种观点如百花齐放，各有所异，很少有学者认为政府和社会资本合作行为属于商行为的特殊形式。因此笔者在此愿对政府和社会资本合作行为与商行为的通融性发表一点粗浅的看法。

第一，政府和社会资本合作行为也带有营利之目的。许多学者认为，政府和社会资本合作是政府方实现行政管理的一种形式，随着行政任务的增加，政府方在资金、技术、管理等方面的不足逐渐凸显，为更好地实现行政目的，政府方采用政府和社会资本合作模式并将之引入社会资本参与行政任务的执行，因而政府和社会资本合作行为的目的在于提供公共管理和公共服务，是为了维护社会公共利益，带有显著的公益性。但笔者认为，讨论行为的目的时不能只看单方主体，还要对行为相对人的主观目的进行分析。政府和社会资本合作行为是建立在政府方和社会资本双方主体之间的行为，并非政府方单方实施，因而对于目的的讨论还要看社会资本方。在政府和社会资本合作

---

① 杨雁泽：《商法公法化属性的法理辨析》，《河南公安高等专科学校学报》2007年第2期，第56—59页。

② 梁凤云：《公私合作协议的公法属性及其法律救济》，《中国法律评论》2018年第4期，第180—189页。

中，社会资本一般都是以营利为目的而成立的公司，其愿意参与政府和社会资本合作项目的建设和运营主要是出于利益考虑，希冀通过政府补贴或者使用者付费来获取回报。利益的可获取性才是社会资本愿意进行政府和社会资本合作的真实推动力。因而政府和社会资本合作行为的目的既有公益性的一面，也有营利性的一面。

第二，两者都以意思自治为重要原则。政府和社会资本合作行为主要以政府和社会资本合作合同的形式实施，而以合同这一契约本质的形式进行便离不开合同双方主体的意思自治。正如上文所提到的，政府和社会资本合作行为的意思自治广泛表现在合同的缔结、合同的运行及对合同争端的解决之中，几乎贯穿整个政府和社会资本合作过程。同样的，商行为的本质是一种意思表示行为，商主体目的的实现离不开基于自由意志所做的表示，意思自治原则也是商行为得以实施的重要保障。

第三，政府和社会资本合作行为同样遵循外观主义的效力解释原则。政府和社会资本合作行为一般表现为连续性、反复性、大量性的交易特色，各主体之间的法律关系十分复杂，既有政府方之间的法律关系，也有与其他关联方的法律关系；此外各个主体之间还会存在大量的牵连，这样的特色决定了各个主体在进行交易时不可能逐一去探求主体的真实意思表示。例如，社会资本在参与政府的项目招标时，其判断依据主要是政府方发布的招标公告；社会资本主体之间进行交易时，通常也只会注意表面上的意思表示。因此，政府和社会资本合作行为同样只关注行为表征，不会挖掘相对人内心的真实意思。

第四，政府和社会资本合作行为和商行为都既受公法调整，也受私法调整。政府和社会资本合作在实行过程中，政府方与社会资本之间的法律关系复杂多变，例如，在政府方对社会资本进行特许经营权的授予，或者政府方基于行政法规对项目进行审计监督时，表现为行政法律关系。而在涉及双方之间合同的履行、费用的支付时，则表现为民事法律关系。由于其既具有公法特性，也具有私法特性，因而既需要受到行政法规等公法的调整，也需要受到民事法律等私法的调整。而商行为所体现的量大、复杂、连续的市场交易特色，一定程度上限制商主体的自由意志等要求，也决定了其需要受到来自公法等强制性规范的约束。

此外，政府和社会资本合作行为与商行为还在主体资格及对应权利能力与行为能力的统一性、法定的效力要件等方面存在极大的相通之处。

第三节　政府和社会资本合作之合同行为思辨

对政府和社会资本合作合同行为进行研究，无非以意思自治与行政优益权这两个能够反映法律行为与行政法律行为本质特征的核心要素为关键点，对政府和社会资本合作合同行为的法律行为与行政法律行为属性进行对比研究。首先，研究政府和社会资本合作合同行为的法律行为属性，离不开对其透射出的意思自治进行探讨。一般而言，狭义上的法律行为是建立在私法自治思想上的产物，是因私主体的意志表达而产生的事实行为，具有达成一定法律上效果之目的。法律行为的本质是通过意思表示来完成形成、变更和消灭法律关系，因此法律行为的核心体现在其概念中所含括的意思自治概念。其次，探析政府和社会资本合作合同行为中行政法律行为属性，不得不对政府方所享有的行政优益权进行探究。政府和社会资本合作模式的特殊之处便在于政府方在政府和社会资本合作过程中享有不同于民商事主体之间平等权利义务的优先权利——行政优益权，这导致政府和社会资本合作合同这种以契约为基本形式的协议在一定程度上出现了极大的争议。

一、政府和社会资本合作合同行为之意思自治

私法理念强调私人之间的法律关系，应当取决于每个个体的自由意志，

只要不违反法律规定的根本原则和精神，私人之间的法律关系就可以依照其自己的意思而进行自由的创设和消灭。法律行为的私法属性决定了意思自治是法律行为的核心。因此，探究政府和社会资本合作合同行为的法律行为属性，必须对政府方与社会资本在政府和社会资本合作过程中实施的一系列承载意思自治的行为进行探析。

与普通民商事法律行为不同的是，政府和社会资本合作合同行为既包括作为公共代表的政府方实施的行为，又包括私营代表的社会资本实施的行为，两种行为的法效果意思本就归于不同的法律部门，因而不同的意思自治程度直接决定了政府和社会资本合作合同行为的属性。[①]而政府和社会资本合作合同行为不论是政府和社会资本合作合同缔结阶段的招投标行为，还是政府和社会资本合作合同履行过程中的建设与运营行为，以及在争议发生后双方实施的争议解决行为，都体现出不同程度的意思自治。而这种政府和社会资本合作合同行为由于通常具有制度性的成分，对相关行为过程的意思自治进行研究便显得十分必要。

由于在政府和社会资本合作合同缔结过程中社会资本的选择在一定程度上具有意思表示的自主性，这就决定了不得不对社会资本选择中的意思自治加以论述。公开招标已经成为政府选择社会资本的最主要方式，那么，在这一过程中社会资本将以何种形式、何种方式来完成自身的意思自治就值得探究。政府和社会资本合作合同的缔结行为包含了政府方的邀标行为与社会资本的投标行为，社会资本的投标行为所具有的自由、自愿和平等等属性直接抑制着政府在招标投标过程中的强制干预等行为。首先，政府选择社会资本必须以公开、透明的方式进行，尽管实践中不可避免地存在一些或多或少的瑕疵，但是以招投标这种方式选择社会资本所体现出的公平、公开、公正是毋庸置疑的。另外，社会资本依据自身的需求，通过自主决策而参与投标，这一过程从本质上看就是社会资本自主选择的体现，每个社会资本都有与生

[①] 张守文：《PPP 的公共性及其经济法解析》，《法学》2015 年第 11 期，第 9—16 页。

俱来的在合法范围内缔结合同的权利，同时其所具有的理性特质也会对政府行为进行一定程度的干预和限制。基于此，缔结政府和社会资本合作合同的行为究其根本就是政府和社会资本依据各自条件，本着利益最大化的原则实施的相互选择行为，只不过这种相互选择行为通常由政府先行实施。从这个层面讨论，政府和社会资本在缔结政府和社会资本合作合同过程中实施的一系列行为，就是双方在既定法秩序下意思自治的表现。

随着政府和社会资本合作合同的履行，政府和社会资本单方解除政府和社会资本合作合同的问题也逐渐凸显。作为直接关系到政府和社会资本合作合同是否存续的行为，政府和社会资本合作合同单方解除行为将直接导致政府和社会资本合作合同关系的破裂，这种行为引起的法律矛盾最为致命。那么政府不论是出于对公共利益保护还是出于维护私利的考量，其做出单方解除政府和社会资本合作合同的行为，是否也属于双方在合同运行过程中意思自治的体现？政府单方面解除政府和社会资本合作合同并不绝对意味着行使行政权力，大多数情况应当解释为政府基于民商事活动不得损害公共利益原则而解除政府和社会资本合作合同，体现的是政府的意思自治。从这个角度看，此时该行为的本质就是民商事行为，非行政权力的行使自然也就不会对意思自治产生影响，并不限制双方的意思自治。

并非只有政府方有权单方解除政府和社会资本合作合同，在符合合同约定的情况下，社会资本同样有权实施单方解除政府和社会资本合作合同的行为。对于解除政府和社会资本合作合同的约定条件，政府与社会资本通常会在政府和社会资本合作合同中予以事先约定。该约定条件，自然便是双方意思自治的体现。就单方解除政府和社会资本合作合同行为这一点来讲，作为合同主体的政府和社会资本都有权实施，不论是出于对公共利益的考量，还是为了维护私利，都是双方意思自治的体现，尽管这种意思自治通常无法在合同双方之间达成合意，但不可否认的是，意思自治确实存在。

政府和社会资本合作合同从合同内容来看属于市场交易行为，不能以《政府采购法》对政府采购行为的约束及对合同履行的适当干预，就否认其市场交易行为的性质，社会资本本着自身的自主选择需求参与竞争，从根本上来说这一过程本身就是社会资本自主选择的过程，每个社会资本都具有在法律范围内与生俱来的、不可被剥夺的缔结该合同的权利，社会资本也会以其本身所具有的理性来限制和干预政府的管控。意思自治是法律行为概念的本质属性，政府和社会资本合作合同作为合同类型的一种，其意思自治属性是绕不开的话题，意思自治程度的不同直接决定了政府和社会资本合作合同属性问题。政府和社会资本合作合同订立的基础是政府和社会资本本着意思自治的精神，通过自由意志谈判、磋商，以合同形式设定权利义务，究其实质应当不属于行政管理，而属于市场交易行为。

二、政府和社会资本合作合同行为之信赖利益保护

政府和社会资本合作是政府和社会资本在不同的利益趋向之下建立的合作伙伴关系，而信赖利益保护则是所有政府和社会资本合作项目得以顺利履行的基本原则。在项目进展过程中，一旦项目实施机构决定采用政府和社会资本合作的模式实施项目，社会资本需要通过与政府签订政府和社会资本合作合同而取得项目的建设、经营权，社会资本从而对该项目的长期运营及利益获取产生合理的信赖。而政府应当尽力维护政府和社会资本合作的稳定性，非经法定程序及双方约定之事由，不得随意做出终止或解除合作的行为，以保护社会资本的合理信赖及利益。同时，信赖利益保护原则不仅只体现在政府机构不当实施单方变更、解除行为上，也体现在政府实施这些行为后对社会资本信赖利益的损害之赔偿方面。换句话说，即便政府是出于社会公共利益的需要而不得不变更、解除合同，也需要首先满足政府和社会资本合作合同的约定，不能突破约定而行权；同时，要对社会资本的损失进行充分的赔偿。信赖利益保护原则存在的必要性在于：一方面要求政府机构在实施单方变更、解除行为时，必须要审慎为之，不得为一己之私而肆意妄为；另一方面也给予社会资本以信任感，使之不会担心因为政府机构单方解除导致项目半途而

废而畏惧参与。

就政府方实施的单方变更、解除行为而言，法国行政法曾确定了财物平衡原则。古斯塔夫·佩泽尔认为，必须维持原始契约建立的财物平衡关系，政府方应当对因单方变更契约而给相对方增加的成本进行充分的补偿，以维持财物平衡。[①]该原则目的在于解决行政相对人因政府方的反复无常而遭受的损失，该原则要求政府对社会资本因政府方单方变更而遭受的损失或增加的履约负担予以完整的补偿。在政府方做出单方解除合同行为的情形下，原政府和社会资本合作合同关系破裂，社会资本获取利益的可能完全丧失，此时政府应以社会资本信赖利益损失为补偿标准，包括社会资本完全履行合同本应获取的全部利益。[②]但是，若政府单方解除合同过程中社会资本也存在部分违约行为，则应当综合考虑双方的违约程度及各方责任以确定补偿标准。

三、政府和社会资本合作合同行为之政府监管行为正当性考量

前述已经讲到，政府和社会资本合作合同行为包含了合同存续过程中政府和社会资本一系列的行为，政府和社会资本合作合同属性的争议直接来源于政府在政府和社会资本合作合同履行中实施的监管行为的正当性问题。正因为政府方的行政机关角色，有学者基于政府方这样的身份而直接认为其在政府和社会资本合作合同履行中实施的全部行为便是行政行为，然而事实并非如此。本部分的目的在于通过对政府和社会资本合作合同行为中政府方实施的带有行政色彩的一系列监管行为，如单方解除或变更政府和社会资本合作合同，对整个政府和社会资本合作项目进行监督而作出的行为进行探究。

---

① ［法］古斯塔夫·佩泽尔：《法国行政法》，廖坤明、周洁译，国家行政学院出版社 2002 年版。

② 丁南：《民法理念与信赖保护》，中国政法大学出版社 2013 年版。

（一）政府单方解除、变更政府和社会资本合作合同行为

1. 理论之争

政府方单方解除、变更政府和社会资本合作合同的行为属于政府和社会资本合作合同行为中最为特殊的行为。该行为的实施往往决定着整个政府和社会资本合作能否继续、如何继续，因而对该行为进行定性十分重要，然而实践中关于该行为的属性存在极大争议。部分学者持"行政优益权说"，该学说认为政府方单方解除、变更政府和社会资本合作合同的行为本质上代表着行政权，[①] 属于行政优益权的体现。也有部分学者认为，政府方决定采用政府和社会资本合作模式提供公共服务，便不宜再通过行政行为对政府和社会资本合作合同的法律关系进行干扰，故而单方解除、变更政府和社会资本合作合同的行为不属于行政行为，而属于公法上的意思表示行为，政府的单方解除、变更权属于行政法上的形成权。[②] 还有部分学者提出了"混合说"，该学说认为应当依据政府作出的单方解除、变更行为所依据的理由来判断其属性。例如，若政府方是依据行政职权，出于公共利益的考虑而单方解除、变更政府和社会资本合作合同，此时该行为属于具体行政行为。若存在事先约定，则政府方单方解除、变更合同构成民法上的形成权，[③] 单方解除、变更合同行为属于民事行为。对此，笔者赞同最后一种观点，尽管其中的辨别标准还有待进一步完善。

首先，按照"行政优益权说"的观点，政府方单方解除、变更的行为便是具体行政行为，由于此种行为对政府和社会资本合作合同存续的影响最为致命，则此时政府和社会资本合作合同便是一种行政合同。但是这种观点完全忽略了政府和社会资本合作合同行为的特殊之处，既混淆了政府和社会资

---

① 张敏：《从行政性、合同性双重视角审视行政合同的延展与规范》，《政法丛论》2018 年第 4 期，第 126—136 页。

② 江嘉琪：《行政契约法律关系的进展》，《月旦法学教室》2008 年第 63 期，第 30—42 页。

③ 邢钢：《"一带一路"建设背景下 PPP 项目中政府单方变更合同法律问题研究》，《东方法学》2017 年第 6 期，第 35—44 页。

本合作行为与政府和社会资本合作合同行为，又完全忽略了政府和社会资本合作合同行为平等交易的特质。反过来看，即便是将政府和社会资本合作合同行为定性为行政法律行为，也可以明确的是，政府和社会资本合作合同行为与传统的行政法律行为有别，属于独立于传统行政法律行为之外的特殊的行政法律行为。在政府和社会资本合作合同中，政府和社会资本在平等、自愿等原则下实施合同缔结行为，双方主体地位平等，而传统行政法律行为中一方是政府，另一方是行政相对人，双方主体地位不可能平等，将由政府方实施的单方解除、变更政府和社会资本合作合同的行为认定为具体行政行为，明显颠覆了双方的平等地位。

其次，虽然主张政府方单方解除、变更权属于行政法上形成权的学者反对政府方通过单方行政法律行为干预合作，但却忽视了政府存在部分法定职权干预合作的情形。政府不仅是合作方之一，也是代表国家公权力的主体，在政府和社会资本合作中不仅要遵守契约自由原则，也需要受到公法的约束。

2. 基于法定依据实施的单方解除、变更行为

所谓基于法定依据实施的单方解除、变更行为，是指政府实施该行为的依据来自法律的明确规定。此时判断该行为是民商事法律行为还是行政行为，最基本的方法便是看所依据的法律归于哪个部门法。纵观现行法律体系可知，对于单方解除、变更权既有行政法律法规的规定也有民商事法律的规定，根据不同的部门法，实施的单方解除、变更行为的法律属性也不相同。第一，若政府方是依据行政法律法规及规章的授权而实施的单方解除、变更合同行为的，则该行为应当被定性为具体行政行为。第二，如政府方是基于民法典等民事法律而实施的单方解除、变更合同行为的，那么此种情形下政府方享有的单方解除、变更权则属于民法上的形成权，[①]属于民商事法律行为。

3. 基于约定实施的单方解除、变更行为

对于基于约定依据实施的单方解除、变更行为的属性学界存在争议，有

---

① 贺馨宁：《论 PPP 合同中单方解除、变更权的法律属性和控制机制》，《法律科学》2020 年第 3 期，第 159—168 页。

学者认为此时行政机关享有的权利属于行政法上的形成权，故该行为属于具体行政行为；也有学者认为该约定的权利属于民法上的形成权，故对应的行为属于民商事法律行为。持行政法上形成权观点的学者提出，政府方实施的单方解除、变更合同行为是由社会资本基于自由意志形成的合意而实施的行为，体现了政府方自愿摒弃单方行政行为而以合同形式解决争议的意思表示。在此种情况下，并非来自行政法的授权，不属于行政职权，应当排除在行政权之外，更不可能属于行政优益权的范畴。若此种情形下仍允许政府方通过单方高权的形式强制解除、变更合同，则明显有违双方以契约之形式进行政府和社会资本合作的合意基础，也不利于社会资本信赖利益的保护。[1] 持民商事法律行为的观点则认为，政府方基于约定享有的单方解除、变更权属于民法上的形成权。政府和社会资本合作合同行为以合同的形式展开，则政府方和社会资本都需要受到契约自由和契约必守原则的约束。尽管政府和社会资本合作合同行为也包含一定的行政法特征，但既然是行政法律没有作出规定的内容，便应当属于民事约定的范畴。[2] 不能将政府方拥有部分法定行政职权而与合作双方主体地位不平等混为一谈，合作双方主体地位是否平等要看政府方是否享有超越平等地位的特权，若一切权利均为平等约定，则合作主体地位处于同一法律地位。在不符合约定的条件时，政府方是无权实施单方解除、变更合同行为的，否则便需承担违约责任，这也是民事权利义务平等性的体现。

笔者认为，对政府和社会资本合作中双方已经约定的内容，都主张严格依据约定履行，如果政府方超越合同之约定行事给社会资本造成损失的，需要承担赔偿责任。另外，行政权不能过度介入政府和社会资本合作，要加大市场化管理在政府和社会资本合作中的重要性。合同严守是合同法律规范最

---

[1] 贺馨宁：《论 PPP 合同中单方解除、变更权的法律属性和控制机制》，《法律科学》2020 年第 3 期，第 159—168 页。

[2] 江国华：《政府和社会资本合作项目合同法律属性及争端解决机制》，《法商研究》2018 年第 2 期，第 3—14 页。

为基础的价值。依法成立的合同，对当事人各方均具有严格的法律约束力。通过设置违约责任规则，明确合同各方违约后应承担的法律责任，为切实解决现实中存在的合同纠纷提供了裁判依据，并有利于督促合同双方严守合同。

4. 基于混合依据实施的单方解除、变更行为

所谓基于混合依据实施的单方解除、变更行为，是指该行为实施的依据既来自行政法律的授权，又来自民商事法律规定或政府和社会资本合作合同双方的约定。其主要包括四种情形：第一，该权利既有行政法上的明确规定，且政府和社会资本合作双方又进行了约定；第二，该依据来自民商法上的规定，但政府和社会资本合作双方也在合同之中进行了约定；第三，该依据既来自行政法的规定，也来自民商法的规定；第四，该依据来自行政法和民商法上的双重规定，但政府和社会资本合作双方也进行了约定。

对于第一、三、四三种情形，政府方实施单方解除、变更合同行为，既有行政法的明确授权，又有民商法的规定或者合同约定。基于"公权力不可让渡"原则，政府方依据行政法等公法所享有的行政公权力不能因为合同的存在而被减损，政府方也不能通过缔结政府和社会资本合作合同而抛弃其法定职责。既然行政法已经对其明确规定，即便民法也有规定，此时政府方实施的单方解除、变更合同行为在理论上便属于具体行政行为。[1]对于第二种情形，由于不存在行政法的任何规定，单来自民商法之规定和双方当事人意思自治之约定，毋庸置疑，此时政府方实施的单方解除、变更合同行为便属于民商事法律行为。

对政府享有的单方解除、变更权的法律属性在理论上存在诸多争议，既有行政优益权说，也有民法上的形成权说，进而导致基于此权利实施的行为也存在属性之争。鉴于政府和社会资本合作模式下，政府与社会资本既可能需要受到公法的约束，也同时需要遵守合作双方的约定等民商事约束，行政优益权说、行政法上的形成权说和民法上的形成权说均具有天然的短板，既

---

① 贺馨宁：《论 PPP 合同中单方解除、变更权的法律属性和控制机制》，《法律科学》2020 年第 3 期，第 159—168 页。

无法真正贴合政府和社会资本合作合同行为的本质特征，也不能很好地权衡各方利益。而理论的不足必然增加实践的困难，不全面的归属带来的不单是争议解决的麻烦，还会带给相对人合法权益的巨大损失。

笔者认为，纵观整个政府和社会资本合作过程，就会发现政府实施单方解除、变更行为的依据本质上有两类：一是行政法律法规的明确授权；二是非行政法的授权，是民商法规定或者基于契约自由所进行的约定。前者鉴于公法权力不可让渡原则，应当将其行为定性为具体行政行为；而后者，不论是民商事法律的直接规定还是合作双方的约定，本质上都属于私法的范畴，应当定性为民商事法律行为。

（二）合同中政府监督行为的正当性缺失

政府在政府和社会资本合作合同履行过程中所谓的监督行为极具争议。行政法学者认为监督行为属于行政行为，民商法学者则认为政府在与社会资本缔结政府和社会资本合作合同时往往会将监督权纳入合同约定的范畴，即已作为合同之约定，自然便属于民事权利。同时，鉴于政府和社会资本合作的特殊性，越来越多的学者提出"混合说"，认为政府对合作的监督行为既有属于具体行政行为的部分，也有属于法律行为的部分。因本书的目的不在于探讨各种学说的优劣性，故笔者不再对各种学说加以论述。理论的争议总是落后于实践的脚步，从实践分析便会发现，政府对政府和社会资本合作合同履行的监督行为既有依据行政法的授权所为的监督行为，也有依据合作双方之约定进行的监督，因而既有属于行政行为的部分，也有属于民商事法律行为的部分。关键是，依授权监督是履行的法定职责，不是合同行为使然，而合同约定的监督则是基于意思自治而产生的监督。因此，政府对政府和社会资本合作合同履行的监督行为属性也需要依据合同内容及行政法之规定进行实际判断。部分学者对此提出批评，认为这样去进行分析也存在一定的不足之处，会增加争议解决的难度，影响纠纷解决的效率，不利于定分止争。但笔者认为，政府和社会资本合作在实践过程中发生争议的往往只是针对部分条款，且对政府的监督行为发生纠纷的少之又少，不能单为纠纷解决的方便而罔顾事实。

行为影响法律关系，而结果就是法律关系的具体体现。从整体行为来看，政府和社会资本合作行为具有民商事法律行为和行政法律行为的双重特征，但其核心是合作共赢，是风险共担、利益共享的合作行为。政府和社会资本合作行为还与商行为存在极大的通融性，尽管不能得出政府和社会资本合作行为就是商行为的特殊形式这一结论，但至少从另一方面佐证了政府和社会资本合作行为的私法属性。从局部行为来看，政府和社会资本合作合同行为更能反映政府和社会资本合作合同本质特征，政府和社会资本合作合同行为中由政府方实施的行为除有行政法律法规明确规定的部分外，均为意思自治的体现。从对行为属性的探究回到对政府和社会资本合作合同上来，政府和社会资本合作合同是政府和社会资本合作行为实施的介质，是政府和社会资本合作合同行为的直接结果，政府和社会资本合作行为本质是合作行为，民商事属性才是政府和社会资本合作合同行为的核心。

第四章 政府和社会资本合作合同内容要素的机理考察

本章以标准化政府和社会资本合作合同文本及政府和社会资本合作实务案例合同内容为研究对象，通过对合同内容相关因素进行抽象化分析，深入剖析政府和社会资本合作合同法律属性，进而推进相关问题的讨论和认识。

第一节 政府和社会资本合作合同内容要素剖析

一、标准化合同文本归纳分析

（一）世界银行 2017 年《PPP 合同条款指南》

世界银行 2017 年《PPP 合同条款指南》是在《2015 版 PPP 合同条款建议》的基础上，增加债券融资和企业融资两个新的章节编制而成。指南针对英美法系和大陆法系的特点，对政府和社会资本合作合同中常见的规定作出了对比性的差异化分析，共计 10 个部分。第一部分规定社会资本有权在发生不可抗力时要求对违约责任进行减免、寻求违约赔偿救济、延长项目执行时间、要求政府部门增加相应的费用以弥补成本，或要求终止合同。第二部分对"重大不利政府行为"进行了设定，将某些商定类型的政治风险分派给公共部门，处理发生此类风险的后果，并向社会资本提供适当的免责和补偿。第三部分针对公共部门违约、政治风险、法律变更、自愿终止和不可抗力等情形发生时，对双方各自的补偿标准及计算原则作出指示。不难看出，这些规定更加注重对双方利益的保护，权衡双方承担的风险与享受的利益，更加符合民商法中的公平原则和诚实信用原则。本指南的独特之处在于对债券融资和企业融资作了专章规定，分别为第八部分和第九部分。融资是企业在商事经营中吸引资金的重要手段，是平等主体之间投资与被投资的关系。政府和社会资本合作项目中引进债券融资和企业融资既减轻社会资本的资金压力，也弥补政府部门的资金空缺。在争议解决上，指南提出了诉讼、仲裁、协商、调解等方式。对于适用的法律，可以选择本国的法律，也可以选择外国的法律；对于管辖法院，可以选择当地法院，也可以选择离岸法院。本指南无处不体现出政府部门和社会资本之间的民事法律关系，从融资到项目的建设、从项目运营到争议的发生和解决，整个政府和社会资本合作合同具有明显的民商事合同的特征。

（二）发改委《政府和社会资本合作项目通用合同指南》

该指南于2014年12月2日发布，在合同成立原则方面，强调合同各方的平等主体地位、提高公共服务质量和效率，重视社会资本的合理回报，强调合作的公开透明和阳光运行。在有关合同主体方面，强调社会资本参与政府和社会资本合作的主要权利包括按约定获得政府支持，实施项目、获得相应回报的权利等；主要义务包括按约定提供项目资金，履行环境、地质、文物保护及安全生产等义务，承担社会责任。政府方享有的主要权利是按有关法律法规和政府管理的相关职能规定，行使政府监管的权力；政府方承担的主要义务有依约按时付费、及时提供项目配套条件、维护市场秩序等。在政府和社会资本合作关系方面，该指南指出，政府方与社会资本之间的合作关系，政府和社会资本合作的本质是合作，由政府向合作项目提供主要条件或支持措施，由社会资本主体承担主要工作，确定了政府方和社会资本方平等主体的地位。由此可以窥探出，政府和社会资本合作合同关系属于平等主体之间的民事法律关系，政府和社会资本合作项目合同属于民商事合同。第十一章规定了回报机制。回报机制是整个政府和社会资本合作合同的核心部分，是政府和社会资本合作项目合同的必备条款。要求对社会资本主体的收入范围、计算方法、政府与社会资本主体收入的约定分成机制进行规定。第四章到第十章、第十三章分别对投融资、工程的前期工作，建设、运营、服务中违约行为的认定和违约责任进行了约定，明确了违约责任的认定和处理方式。第十二章指出了解除合同的事由和程序。第十四章则指出了争议解决的方式，包括协商调解、诉讼和仲裁。指南对影响合同效力事由的约定具有很明显的民事特征，其争议解决更是与民事争议解决方式完全吻合。从整个合同指南来看，指南强调政府和社会资本合作合同双方的平等地位，重视社会资本的合理回报，主张政府和社会资本合作是政府与社会资本的合作，其关于违约责任、争端解决的规定等，都十分符合民商事合同的特征。因此，按照发改委《政府和社会资本合作项目通用合同指南》成立的政府和社会资本合作合同也属于民商事合同。

（三）财政部《PPP项目合同指南（试行）》

该指南于2014年颁布，旨在加强对政府和社会资本合作合同的谈判、起草、履行、变更、转让、解除，终止直至失效的全过程管理，更好地支持政府和社会资本合作项目运作，共分为四个章节。合同在主要内容方面，要求对项目融资，项目的建设、运营、维护、移交，股权变更，付费机制，履约担保，政府承诺，保险，政府方的监督和介入，违约、提前终止及终止后处理机制，争议解决等进行约定。从合同内容来看，项目建设和运营，付费机制、政府的监督是整个合同内容的核心，整体上看，双方权利义务基本平等。就社会资本而言，承包分包商负有对整个项目进行建设、运营、维护的义务，保险公司出具保函，运营期届满后需要移交项目给政府部门，没有行政上的强制性义务。就政府方而言，政府负有办理审批、承诺付款、保障项目实施的义务。付费机制是政府和社会资本合作的重要基础，关系到政府和社会资本合作项目的风险分配和收益回报。付费机制反映出社会资本参与项目的直接目的就是营利，通过直接从政府或者向使用者收费获利。同时，政府也会保证社会资本确实会从整个项目中获取其期望的利益，若期望利益无法实现，政府会进行补助。从这个角度看，政府和社会资本合作合同体现出明显的民事特征，属于民商事合同。在政府特权方面，指南对政府的监督和介入作出规定，在某些特定情形下，政府方享有介入权，但一般只能在出现紧急情况或项目严重违约时行使。同时政府方在介入项目之前必须按约定的通知程序提前通知，并且遵守关于行使介入权的要求。政府方违规介入给社会资本造成损失的，需要赔偿。整体来讲，政府介入权的行使都是通过合同的约定，违反约定则需要承担一定的违约责任。指南还对双方的违约责任及处理，合同的提前终止及解除，应当适用的法律及争议解决等作出了较为详细的约定。尽管在某些涉及重大公共利益的情形下，政府部门可以选择提前终止合同，但这些情形受到极大的限制，必须在合同中明确约定。总体来看，对双方之间的争议都是基于合同"契约必守"的原则进行处理的，并不存在行政机关依据"行政优益权"随意终止合同。从争议解决上看，政府和社会资本合作项目合同完全属于民商事合同。从合同主体、指南确定的合同核心条款、政府享有的特殊权利以及发生争端后的争议解决机制来看，依据财政部《PPP项目合同指南（试行）》成立的政府和社会资本合作合同属于民商事合同。

综上，该指南中可能涉及行政要素的内容，主要体现在政府部门对项目的监督和控制方面。世界银行的合同指南并没有对这一部分作出规定，相反财政部和发改委的合同指南却对这一部分作出了规定。前者对项目的监管主要体现在从建设到运营的各个阶段，主要包括知情权、进场检查、对承包分包商的监控和参股，整体来看规定比较简略。后者对项目监管的规定则散布在各个部分，包括投融资、项目前期工作、工程建设、运营和服务和财务等方面，有针对性地做出了较为详细的指导。另外，财政部合同指南还对政府行使介入权的情形作出了规定。整体来看，指南规定的涉及行政要素的规定较少。但是，值得一提的是，指南对这些要素的规定，并非直接认为政府方基于这些约定行使的权利就是行政优益权。同时这些指南都对社会资本的权利义务作出了规定但各有侧重。世界银行对社会资本权利的规定主要为救济权，包括不可抗力、重大政府不利行为和政府违约等情形下的自我救济和合同项下的违约救济，对社会资本的义务规定较少，重点在于倡导合同双方通过意思自治的方式去约定。财政部合同指南对社会资本的权利义务规定见于各个章节之中，分为营利权利和守法义务两大类。而发改委发布的《政府和社会资本合作项目通用合同指南》则对其进行了集中规定，包括获取政府支持和回报的权利，以及按约定提供项目资金，履行环境、地质、文物保护及安全生产等义务。

在争议解决这个问题上，3份合同指南的规定几乎重叠，都对违约责任、不可抗力、适用法律及争议解决作出了规定。《政府和社会资本合作项目通用合同指南》还对合同的解除作了专章规定，针对解除的事由、解除的程序、解除的后果及解除后项目的移交都规定得较为详细。从3份合同指南对争议解决的规定可以看出，这3个机构都倾向于按照民商事合同的属性去处理政府和社会资本合作项目纠纷，以避免行政机关过度干预政府和社会资本合作项目的运行，造成项目中断甚至终止。合同目的是政府和社会资本合作合同不可或缺的一部分。在政府和社会资本合作合同中，合同目的分为两部分，分别从政府方和社会资本方进行分析，既要分析合同直接目的，也要分析合同根本目的。在世界银行合同指南中，并没有强调合同目的的重要性。至于为什么这样安排，笔者认为问题出在该指南的定性上。世界银行合同指南目的在于是制定和分析构成诸多成功政府和社会资本合作交易的合同语言，并描述这些条款的理论基础，指南内容本就既不是全面的也不是规定性的。财政部合同指南则在第二节引言部分对合同双方签约目的以及签约背景予以说明。比较完整的是《政府和社会资本合作项目通用合同指南》中专设一部分，要求合同主体必须在合同内容中对合同背景与合同目的予以说明，笔者认为这样的安排是比较合理的，大部分学者都认为合同目的是影响合同法律属性的因素之一，合同目的有助于完善合同内容，减少争议。

二、案例合同文本归纳分析

（一）广东某物流产业新城政府和社会资本合作合同

本合同是广东某市人民政府通过授权市物流枢纽管委会为实施机构，与社会资本在诚实信用、公共利益优先、合作共赢的原则之下签订的，政府方目的在于借助社会资本的资金和技术进行产业园的工程建设。在权利义务方面，政府享有包括对项目进行全程监管，对社会资本进行业绩评估与考核，统一调度、临时接管或征用项目资产，审计核查项目资金的权利；承担不随意干预项目正常实施，除非此种干预是为保护公共利益及公共安全所必需或是由法律及法规所赋予，以及向社会资本支付可行性缺口补贴的义务。社会资本享有自主建设与运营、排他独家经营、设立担保、享受政策支持的权利，并有权通过项目经营获取可用性服务费、运维绩效服务费、规划咨询费、产业导入及发展服务费等回报，以及获得政府的可行性缺口补贴；同时也需要承担接受监督检查、执行项目等义务。合同还约定了出现违约情形时违约方支付违约金的义务，并明确了违约金的计算标准。在争议解决方面，合同约定可以通过调解解决因合同产生的任何争议、纠纷。从合同目的看，本合同并非政府为了完成行政管理任务而采用政府和社会资本合作模式进行产业园的工程建设；从双方权利义务来看，政府对项目的监管、评估、审计，并无法律、行政法规的明确授权，双方权利义务均依据合同的明确约定而产生；从争议解决看，合同约定因合同发生的任何争议和纠纷都可以通过协商、调解解决，还约定了违约金及计算标准。从本合同的目的、主体，双方约定的权利义务、争议解决来看，本合同属于民商事合同。

（二）福建某生态旅游公园政府和社会资本合作合同

本合同是福建某县人民政府授权某旅游开发区管委会为实施机构，与社会资本在遵循公开、公平、公正和公共利益优先的原则下签署的，政府方目的在于提高县旅游业与养老业的发展。本合同采用特许经营的模式成立，其特许经营期为30年，双方按照3∶7的比例共同投资本项目。对社会资本而言，享有在特许期内的投融资、设计、建设、运营和维护本项目及相关收益权的专属权、独占权，享有对本项目进行自主经营以获取收益和回报以及获得政府运营补贴的权利，需要承担正常进行项目运营、环境保护、对项目购买保险、正常依法纳税、完成施工图设计后应编制工程预算报送政府财政部门审核批准等义务。政府则需要承担帮助社会资本获得审批、不干预社会资本自主建设、提供税收优惠、在行政程序上给予社会资本配合的义务。在违约责任方面，社会资本有权要求政府赔偿给社会资本造成的经济损失。关于争端解决，合同约定与本合同的签署及履行有关的争议都可以通过调解解决。从合同目的来看，提高县旅游业与养老业的发展具有一定的公益性。从双方权利义务上看，社会资本的独立经营权来源于政府方的授予，还享有获取经营所得的权利，但同时也需要承担大量义务，例如环境保护、施工设计必须先经过政府批准等。在社会资本破产或者发生社会资本违反本合同约定事件导致本合同被提前终止的情况下，政府有权提名一个主体代替社会资本，也需要承担配合审批及获得许可、帮助社会资本获得税收优惠等义务。在违约责任上，约定了违约方对守约方的违约责任和违约金计算标准。在争议解决上，约定了调解解决争议和纠纷的方式。本合同虽然是以特许经营之名签订，但实际为甲乙双方的投资合同。从合同权利义务来看，大部分内容均为未有法律、行政法规所规定的内容，属于约定范畴，总体上双方地位平等。因此本合同属于民商事合同，但不可否认的是，其中也存在少量行政因素。

（三）广东某中心城区地下综合管廊工程政府和社会资本合作合同

　　本合同是广东某市人民政府授权某市道路研究中心为实施机构，与社会资本在公开、公平、公正和公共利益优先的原则之下签署的，政府方目的在于缓解城市交通压力。从合同权利义务来看，政府享有对项目进行全程监管、总协调、定期考核、统一调度、临时接管及征用、费用审计的权利，若社会资本出现特定行为时，政府还有权责令其限期改正、单方终止合同或收回项目经营权的权利，但合同明确约定，政府的上述权利均以符合合同明确约定为前提；政府也需承担协助社会资本进行项目建设、不得对社会资本的建设进行干预的义务。对社会资本而言，其享有独家特许经营、通过建设和运营项目获得入廊费和日常维护费等回报以及获取政府可行性缺口补贴等权利，也有按照合同约定接受政府监督审计的义务。在违约责任方面，政府主要为支付违约，而社会资本则包括投融资、前期工作、工程建设、项目运营以及项目移交等方面的违约，因为项目绝大多数都由社会资本来建设运营，故而社会资本承担的责任也较多。其他情形与上文生态旅游公园政府和社会资本合作合同类似，在此不作赘述。本合同与上文生态旅游公园政府和社会资本合作合同在内容上有诸多重合之处，都属于民商事合同，而本合同则更加强调对合同的履行，其行政因素更少。

（四）广西某园区产业园区政府和社会资本合作合同

本合同是广西某市人民政府授权城市行政执法局为实施机构，与社会资本在自愿、平等、诚实信用等原则基础上签订的，政府方目的在于促进某市环境卫生水平的持续改善和提升固体废物综合处理能力。从权利义务方面来看，社会资本享有投资、建设、运营和维护项目、在园区内收取物业管理费等经营收入以及取得政府可行性缺口补助的权利。政府则有权对项目进行全程监管、总协调、定期考核、统一调度、临时接管及征用、费用审计、社会资本破产时有权提名替代主体、特定情形下对项目临时接管，承担不对社会资本建设和运营进行干预的义务。违约责任方面，提出了违约金、解除合同等违约承担方式和违约后果。争端解决方面，确定了与本合同产生任何争议、纠纷都可以通过协商、调解予以解决。本合同主要依据民事法律原则而成立。双方权利义务均来自合同的约定，尽管存在某些看似属于行政优益权的约定，但合同均约定政府必须完全按照合同的约定行使权利和承担义务。从争议解决看，合同约定因合同发生的任何争议和纠纷都可以通过协商、调解解决，还约定了违约金及计算标准。从本合同的成立原则、主体，双方约定的权利义务、争议解决来看，本合同属于民商事合同。

（五）湖南某医院建设政府和社会资本合作合同

本合同是湖南某县人民政府授权县卫计局为实施机构，与社会资本本着公平合理、平等自愿的原则签订的。政府方的目的在于对医院基础设施进行建设。从权利义务上看，政府有权随时对项目的投融资、项目的建设、运营事项进行检查监督；承担负责征地拆迁及安置补偿、立项、完善基础设施、协助办理许可和审批等义务。社会资本有权获得政府支付"可用性服务费＋运维绩效服务费×运营期绩效考核系数－使用者付费收益"费用以及通过停车场、商店和食堂餐饮、广告等获取收益的权利，承担负责投融资、建造及经营维护的义务，双方权利义务基本对等。卫计局并不具备行政法上对该建设项目的监督职权。因此，该监督检查权属于合同赋予。违约责任方面，合同区分了一般违约和根本违约，同时还确定了违约金的计算标准，明确了情势变更规则。在符合合同约定条件下，双方均可终止合同。争议解决方面，合同约定成立协调委员会，对因合同发生的争议进行协调解决。从整个合同来看，双方订立合同的目的在于建设南院及营利，双方权利义务具有平等性，政府不存在行政优益权的行使。综合来看，本合同不存在任何的行政因素，属于民商事合同。

（六）湖南某县城乡供水一体化政府和社会资本合作合同

本合同由湖南某县政府授权住建局为实施机构，与社会资本本着平等、自愿和互利互惠的原则，经协商一致而订立。政府方目的在于借助社会资本提高县农村和城市的自来水供给率。在权利义务方面，对政府而言，合同约定政府享有对项目的投融资、项目建设和运营等方面的监督，对社会资本进行绩效考核、进行项目审计的权利，承担不干涉社会资本运营、向社会资本支付可行性缺口补贴的义务。对社会资本而言，享有投资、建设、运营、维护和移交本项目，利用本项目全部项目设施并根据本协议的规定从事供水服务并收取自来水水费、获得可行性缺口补助等费用、参与管理、分配利润的权利；承担依法建设运营、购买保险、按时纳税的义务。违约责任方面，违约责任的认定以合同约定的条款为准，违约责任包括赔偿损失、支付违约金、解除合同等。争端解决方面，合同约定了协商与和解的适用。纵观整个合同，合同建立在合作基础之上，双方权利义务均来自合同的明确约定，政府不得干扰社会资本建设，还需要向社会资本支付补贴。违约责任的约定具有典型的民商事合同特征，还确定了和解在解决合同争议中的适用空间。因此本合同也属于民商事合同。

三、合同内容要素的归纳类比

（一）合同成立原则

分析政府和社会资本合作合同的原则，还得先从民商事合同与行政合同的原则分别谈起。成立民商事合同的本质是一种民商事法律行为，民法基本原则也即民商事合同成立的原则，是进行民事活动和处理民事问题的基本准则，主要包括平等原则、自愿原则、公平原则、诚实信用原则、公序良俗原则等。[①] 行政行为的目的在于管理社会公共事务，因此行政合同的基本原则为法定原则、合意原则、公平竞争原则、公益优先原则、诚信与信赖保护原则、全面履行原则等。[②] 研究财政部、发改委和世界银行的政府和社会资本合作合同指南发现，这些指南都主张政府和社会资本合作合同建立在平等、自愿、公平等原则之上。上文剖析的六个实务案例政府和社会资本合作合同，全部都确定了政府方和社会资本方在平等、公平、自愿的基础上签订项目合同，但是也存在部分合同增加了公共利益优先原则。通过总结发现，实践中政府和社会资本合作合同几乎全部确定了公平、自愿、平等等民商法基本原则，具有显著的民商事合同特征。

---

① 王利明：《民法》，中国人民大学出版社 2020 年版。
② 戴巍：《浅论行政合同的基本原则》，《中外企业家》2008 年第 1 期，第 171—172 页。

（二）合同目的

合同目的标准认为，以发生公法上效果为目的的合同为行政合同，以发生私法上效果为目的的合同为私法合同，公法上的效果通常表现为行政管理或者是公共利益。例如在法国，将公共利益目的视为公法上效果的做法十分流行，公共利益通常表现为公共服务，只要订立协议的目的是公共服务，该协议便是行政合同。[①] 在我国，也有部分学者认为，以实现社会公共利益或者行政管理为目标而订立的协议为行政协议，《行政协议司法解释》将行政管理或公共服务作为行政协议的订立目的，而政府和社会资本合作合同目的自然便被解释为公共服务。将公共利益目的作为认定行政协议的标准之一，并将其用作判断政府和社会资本合作合同法律属性，笔者认为并不妥当。

从该标准本身出发，公共利益标准本身便不宜作为区分政府和社会资本合作合同民事与行政法律属性的判断标准。首先，以实现公共利益作为认定行政合同的标准，将极大地扩大行政合同的范围。公共利益的内涵极为宽泛，凡与政府行为有关的活动都可能被扣上公共利益的帽子，例如国有企业以国有资产从事的经济活动、行政机关为办公所需而实施的租赁行为、政府单位食堂进行的食材采购活动，都在一定程度上具有公共利益的属性。因此，该标准将大量的民商事合同认定为行政合同。另外，由于公共利益的内涵十分宽泛，导致其外延非常模糊，并不适合作为一个明确具体的认定标准，标准的不确定将导致法官享有过大的自由裁量权，不利于争议的解决。

从政府和社会资本合作合同本身出发，也难以对其合同目的进行判断。政府和社会资本合作合同主要是用于基础设施建设领域，一方面，政府为解决自身在该领域资金、技术等方面存在的不足，想要通过政府和社会资本合作模式吸引社会资本参与基础设施的建设和运营；另一方面，社会资本以平

---

① 李颖轶：《论法国行政合同优益权的成因》，《复旦学报（社会科学版）》2015年第6期，第157—164页。

等的合作关系为前提，利用自有资金，通过合约性的安排获取投资收益。[①]
因此从不同的主体出发，目的并不一致。判断合同目的要直接从合同内容入手，政府与社会资本在共担风险、共享收益、互补合作的基础之上签订政府和社会资本合作合同，本质上是平等的合作关系，社会资本加入的直接目的是营利，而政府部门的目的直接表现为引入社会资本弥补自身在资金、技术等方面的不足。不论是从理论还是从政府和社会资本合作合同本身出发，公共利益目的都不宜作为判断政府和社会资本合作合同法律属性的标准之一。

前文已经讲到，公共利益并不能作为判断政府和社会资本合作合同法律属性的目的标准，但并不能因此说明目的因素不能作为判断政府和社会资本合作合同法律属性的因素之一；相反，目的因素是对政府和社会资本合作合同进行法律属性判断的重要因素之一，只是，应该分析合同主体目的而不是合同目的。目的是双方进行合作的前提，在政府和社会资本合作合同中，要对政府部门和社会资本方两个主体的目的进行分别探析。对于社会资本方，吸引其加入到政府和社会资本合作项目的关键在于能否通过该项目获利，其目的比较单一，不掺杂其他动机。对于政府部门来说，目的则比较复杂。从宏观上看，政府采用政府和社会资本合作模式的目的都可以评价为管理公共事务、维护公共利益，但是公共利益的范围十分宽广，不宜用作对政府和社会资本合作合同的法律属性进行评价。具体到合同内容看，政府方的直接目的并非为实现行政管理或者公共服务，政府与社会资本是基础设施建设和运营中的合作伙伴，通过借鉴社会资本的优势，以弥补自身在各方面的不足。判断政府和社会资本合作合同中政府方的目的应当从直接目的入手。在部分政府和社会资本合作合同中，政府方采取特许经营的方式将本属于自身职权范围内的事项授权给社会资本方运作，其目的有二：一是服务公共事务，为公益目的。二是为引进其他主体以弥补自身能力的缺陷。在另一部分非采用特许经营模式的政府和社会资本合作合同中，有的项目可能含有公益目的，

---

① 郑雅方：《论我国 PPP 合同中公私法律关系的界分》，《行政法学研究》2017 年第 6 期，第 35—43 页。

但也存在一些项目并无直接公益的目的，例如上文湖南某县人民医院南院院区建设政府和社会资本合作合同和广东某物流产业新城政府和社会资本合作合同中，政府方的直接目的便是利用社会资本的资金、技术等优势来完成院区和产业园的建设。

（三）意思表示方面

意思表示是民事行为主体把自己的主观意愿以客观方式表达出来。国内持政府和社会资本合作合同属于民商事合同的学者认为：第一，合同成立的基础为当事人意思自治，合同完全是当事人意思自治的产物。虽然政府和社会资本合作合同中通常涉及许多前置程序，例如审批，但是行政机关和社会资本在形成权利义务关系时，都是本着意思自治的精神形成合意的。[①] 即便是特许经营类政府和社会资本合作协议，协议的订立和履行都依赖于行政行为的实施，但从本质上看又都独立于行政管理。第二，行政机关可自由选择合作方，作为合同另一方的社会资本，同样可以在充分了解项目基本情况的基础上决定自己是否参与项目。第三，作为合同主体的政企双方，在合同签订过程中享有充分的是否签约以及如何确定合同权利义务的自由体现了合同双方意思表示的一致，契合了民商事合同中意思自治的核心原则。

持行政合同说的学者则认为，政府和社会资本合作合同的意思自由区别于普通民商事合同。例如在合同当事人的选择、法律规制和合同的审批等方面，以及政府和社会资本合作合同是否成立、有效以及如何执行等问题不仅需要符合民事法律规范，还要受到政策、行政规章和制度等的多重调整，因此政府和社会资本合作合同中的意思自由是有限自由。[②] 较之行政合同，民商事合同的契约自由是较为充分的自由，合同完全是当事人意思自治的产物；而政府和社会资本合作合同尽管受契约自由的指导，但这种自由会受到公权力的干扰，主要基于对公共利益的考量，具体表现为合同目的的实现依赖于

[①] 刘飞：《PPP 合同的法律性质及其争议解决途径的一体化》，《国家检察官学院学报》2019 年第 4 期，第 93—105 页。

[②] 章剑生：《现代行政法总论》，法律出版社 2019 年版。

政策、行政法规等的影响，当事人的意思自治受到公法、私法的共同约束。另外，在民商事合同中合同的双方当事人在作出意思表示时只要该意思表示尚未到达受领人，那么他就享有撤回权。也就是说，在民商事合同缔结过程中合意是核心内容，但政府和社会资本合作合同可以说完全背离了这种合意，协议的签订等程序、内容均须受到行政机关主导权的制约，作为一项带有明显政策色彩的契约治理方式，行政机关决定在哪些领域适用政府和社会资本合作模式本身便属于裁量范围，并与当地政府财政状况息息相关。[①]

（四）合同中的行政要素

行政要素在政府和社会资本合作中主要体现为政府方对社会资本和项目的监督和控制。在实践过程中可能表现为对项目前期工作、建设、运营的全程监管，发生紧急情况时的统一调度、临时接管和项目征用，项目资金的审计考核，以及特殊情况下出于公共利益的单方解除权。但是，合同中关于这些要素的规定并非一定构成法定职权，只有当这些要素有法律法规、规章的明确规定与授权时，才属于法定职权。若无明确规定，仅有政府和社会资本合作合同的约定，则这些要素只能算作民事要素。

政府和社会资本合作合同在实践过程中的难点在于如何判断哪些权利属于法定职权。笔者认为，若政府和社会资本合作合同中大量出现涉及政府方主体法定监督职权的约定，则该合同的行政属性较多，因为即便合同不作约定，政府方照样可以以自身法定职权对项目过程进行监督。如合同约定的政府方主体的监督权不在自身法定职权范围之内，则这样的监督权属于依据合同产生，属于民事约定的内容，不涉及行政关系，政府和社会资本合作合同属于民商事合同。

（五）合同中的主要权利义务

财政部、发改委、世界银行发布的合同指南中，都对双方的权利与义务作了安排。持"民商事合同说"的学者认为，政府和社会资本合作合同中双

---

① 喻文光：《PPP 规制中的立法问题研究——基于法政策学的视角》，《当代法学》2016 年第 2 期，第 77—91 页。

方权利义务基本对等。从社会资本角度看，其参与政府和社会资本合作项目是为了获取利润，义务则是按照合同约定提供相应的产品或服务。从政府方角度看，其也需要严格受到政府和社会资本合作合同的约束，虽然享有对整个项目的监督权，但该权利并非行政优益权，而且也需要受到极大的限制。

持"行政合同说"的学者则认为，从政府和社会资本合作合同内容来看，项目多涉及交通、水利、电力等基础设施建设，而这些都需要经过政府的前置性许可才能取得特许经营权。在效力上，在政府和社会资本合作合同订立之前，往往需要履行一系列的行政审批程序，这些行政审批程序是政府和社会资本合作合同生效的前提。在合同的履行阶段，若社会资本的运营损害到社会大众的共同利益，政府部门享有单方解除合同的权利。因此从政府部门享有的权利来看，政府和社会资本合作合同具有极大的行政优先性，与社会资本所享有的获取利益的权利明显不对等。

就政府方而言，在整个项目合作期间，政府充当着"运动员"和"裁判员"的双重角色，既是整个政府和社会资本合作的监督者，又是政府和社会资本合作的主体之一。上文已经就政府的法定职权进行了分析，在此笔者将进一步讨论政府作为合同当事人的权利。由上文可知，政府的监督权除法定部分都是合同约定，属于民事权利的范畴。另外在上述案例合同中，政府除监督权外，还有委托相关机构进行审计和绩效考核、社会资本违约时要求社会资本消除违约情形或终止合同、要求社会资本提供担保等其他诸多权利，与此对应承担的义务则有协助项目的审批、协调水电等公用基础设施的建设、不得随意干预社会资本正常经营、依法维护社会资本的合法经营权、支付相关费用及补贴等。总体而言，除去法定职权外的权利义务，其他都来自双方合意性的契约约定，且约定内容远多于法定内容。

就社会资本而言，主要享有三项权利：自主经营权、取得报酬权和损害赔偿权。双方通过合同达成合作，社会资本获取项目的经营权，由于受合同的约束，政府方不得随意干预项目的建设和经营，不得插手社会资本的决策。社会资本主要趋向为获利，这也是社会资本愿意加入项目的主要原因。因此社会资本有权通过政府付费、使用者付费或者可行性补贴等模式获取项目报酬。此外，由于政府方存在行政机关这一身份，社会资本难以完全与政府方达成平等的法律地位，权利极易受到侵害，因此合同往往对其损害赔偿权作出约定以保护其合法权利，主要为政府违约干预插手项目的经营建设、单方违约、不支付报酬等情形。另外，由于社会资本承担了整个项目的全程建设经营，因而社会资本需要承担大部分的风险，故承担的义务较多，主要为依法依约经营、接受监督和审计及其他合同约定的义务。总体而言，政府作为合同当事人的身份时，双方权利义务基本对等，法律地位平等。除去监督者的身份不谈，政府和社会资本合作合同符合民商事合同特征。

在违约责任方面，由于整个项目以合同的形式开展，不可避免地会发生违约情形。实践中，政府方违约责任主要为支付违约和其他违反合同约定导致项目建设延期或停工、建设总投资增加或造成其他损失。对于社会资本而言，由于社会资本在整个项目过程中承担义务较多，因而出现违约的情形也更多，总体上分为前期工作违约、投融资违约、工程建设违约、项目运营违约和项目移交违约五种事由。对于双方违约责任的承担，合同清一色地约定为违约金的方式。从违约事由和违约责任承担方式上看，政府和社会资本合作合同的违约形式被包含于民商事合同的全部违约形式。

在争议解决机制方面，我国现行法律体系对民事纠纷与行政纠纷确定了不同的纠纷解决方式。具体而言，民事纠纷可以通过诉讼、和解、调解、仲裁等程序解决，而行政纠纷只能通过行政诉讼程序解决。在行政纠纷中没有仲裁程序的适用空间，调解程序也仅在涉及赔偿和行政处罚等行政机关自由裁量权的范畴内予以适用。整体上看，3份政府和社会资本合作合同指南都确定了仲裁程序在政府和社会资本合作纠纷中的适用，而六份实践合同也几乎全部肯定了可运用调解程序解决因合同产生的任何纠纷。

四、透过内容要素的合同法律属性证成

（一）政府和社会资本合作合同的行政性要素可以识别

政府和社会资本合作法律关系是建立在政府部门与社会资本之间的一种地位平等的非从属性的契约关系。政府和社会资本合作合同中政府方的义务可以分为约定义务与法定义务两类。从上述案例合同可以发现，法定义务包括法律、行政法规对项目的审批，对项目建设运营的全程监管、协调、重大情形下的临时接管及征用有明确规定的义务，相关费用的审计等，约定义务则包括对社会资本的定期考核、支付可行性补贴等。具有行政法属性的法定义务，双方不得通过约定而予以规避或解除，识别政府和社会资本合作合同中法定义务条款主要依据"法未授权不可为"等行政法原则，即"法律优先"原则。

（二）政府和社会资本合作合同的本质属性为民商事合同

政府和社会资本合作法律关系是建立在合同的基础之上的，只不过这种法律关系既包含民商法属性又包含一定的行政法属性，兼具公法与私法特征。但是政府和社会资本合作合同的民法属性是首要的，起决定性作用。政府和社会资本合作合同是政府与社会资本在平等、自愿、公平的基础之上协商而达成的。政府作为公共事项的发起人，需要得到社会资本的认可才会达成合意。社会资本基于双方合同有约必守的原则保障其可以通过项目的建设运营获取利益，体现的是民事权利义务的对等性。至于行政主体在整个项目中享有何种行政职权、达成什么行政目的，都是次要的。[①]

笔者认为，政府和社会资本合作合同订约适用《民法典》的调整。首先，《政府采购法》明确约定政府方与社会资本方订立政府和社会资本合作合同适用合同法的调整，双方之间的权利义务按照平等、自愿的原则以合同的方式约定。实践中合同大多依据民商法基本原则订立，约定的双方权利义务基本对

[①] 孙学致、宿辉：《PPP 合同的法律属性：一个解释论的立场》，《山东社会科学》2018 年第 7 期，第 179—186 页。

等，争议解决也具有明显的民事争议解决特征。其次，政府和社会资本合作合同的违约责任包含了民事违约责任的全部形式。除政府方实施单方变更、解除政府和社会资本合作合同行为合法时需要对社会资本予以补偿带有明显行政因素外，违约责任承担方式与民事法律规范相同。最后，政府和社会资本合作合同中约定政府法定职权没有任何意义。政府和社会资本合作合同政府方主体一般都是政府授权的下属政府组成部门或事业单位，其本就享有法定权力，即便不将这些行政职权约定为合同内容，政府主体依然可以依其法定职权对整个项目进行监督管理，将政府法定职权纳入政府和社会资本合作合同约定实属多此一举。除去合同中的这些约定，揭开政府和社会资本合作合同中行政因素的面纱，事实上，政府和社会资本合作合同就是民商事合同。

第二节　行政优益权与意思自治的相悖

在探究标准化合同及实务案例合同的内容要素过程中，都会遇到一个不可回避的问题——行政优益权问题。在政府和社会资本合作合同中到底要不要保留这样的权利，行政优益权是否应该限缩，值得深入思考。

一、行政优益权之内涵

行政优益权是行政法学研究领域内的一个重要概念，然而却从未在立法中得到明确的阐释，对行政优益权的定义、特征、行使的正当性与限制等都缺乏详尽的研究。即便是仅有的一些研究，也都是基于行政合同或者行政职权为出发点进行的附带研究，并非针对其本身。

现阶段对行政优益权的研究主要有以下观点：一部分观点认为，行政优益权是行政法确认或行政合同规定的，政府方作为签约主体为公益之目的所单方享有的，显著区别于普通合同约定的平等权利义务的强制性权利。[①] 这部分观点的学者认为，行政优益权的目的在于保护公共利益免受损害，而且主要适用于行政合同之中。这样的观点有其存在的合理性，但却具有天然的不足之处。对此，另一部分学者则认为，行政优益权是一个国家为了保障政府方能够有效地行使权力、履行职责，而在职务和物质上赋予政府方的优先权利，政府方对这些优益条件（或曰"优惠条件"）享有选择权。换句话说，行政优益权是政府方特有的优先条件和物质保障条件。行政优益权具体分为两种：行政优先权和行政受益权，分别体现了政府方与相对人、政府方与国家的关系。[②] 这一观点主张行政优益权属于行政职权的一种，虽然也具有维护公共利益的一面，但却从另一个角度基于解释论的立场给行政优益权以正名，且不再将其局限在行政合同之中。

在对行政优益权的定义上，笔者持第二种观点，从行政优益权本身文义及产生背景即可得出，行政优益权是政府方出于维护公益的考量，在法定职权范围内所享有的单方优先权，行政合同仅是行政优益权适用的主要方面。在其他行政领域但凡涉及公共利益与个人利益的冲突与权衡时，便会有行政优益权的出现。

二、行政优益权的本质分析

现行法律法规直接规定行政优益权的条款少之又少，并不足以对政府和社会资本合作行为产生影响。由于在政府和社会资本合作合同行为中政府实施的部分有单方解除或变更合同，对政府和社会资本合作的监督行为具有一定程度上的行政色彩，行政优益权往往被行政法学者直接用来对这些行为的

---

① 张光辉、刘鹏：《宪政视野下行政优益权研究》，《管理经营者》2010 年第 21 期，第 27 页。

② 莫于川：《行政职权的行政法解析及构建》，《社会科学》2004 年第 1 期，第 74—81 页。

性质进行判断，从而导致常常出现一旦某一行为涉及行政优益权，便会被直接定性为具体行政行为的现象。在政府和社会资本合作中，由于政府和社会资本合作合同行为是一系列行为的总称，其中政府的部分行为在一定程度上表现出行政优益权特性，故部分学者直接将政府和社会资本合作合同行为归为具体行政行为，将政府和社会资本合作合同定性为行政合同。然而政府在政府和社会资本合作过程中实施的单方解除、变更合同行为和对政府和社会资本合作进行监督的行为依据，既有来自行政法律法规的明确授权，也有来自民商事法律的明确规定，还有属于合作双方主体基于意思自治进行的约定。实践中社会资本实施的全部行为、政府方实施的绝大多数行为系民商事法律行为。

在政府和社会资本合作合同行为中，行政优益权主要体现在政府的单方解除、变更合同和对政府和社会资本合作进行的监督上，然而现行行政法规很少对行政优益权进行规定，政府实施的这些行为更多是基于双方于合同的约定，体现的是民商法上的意思自治。政府和社会资本合作合同行为中政府方实施的单方解除、变更合同是民法上形成权的行使。

三、行政优益权的应有限缩

政府通过政府和社会资本合作模式来借助社会资本的资金、技术等优势，化解自身无法独自解决的障碍问题。而吸引社会资本方加入到政府和社会资本合作项目中来的利益趋向为营利，社会资本方更希望通过市场化的运作来达到营利的目标，而政府享有过多的行政优益权无疑给整个项目的运营带来极大的不稳定性。首先，政府方享有过多的行政优益权会造成政府方在项目过程中极容易为一己之私而滥用其权，随意实施解除、变更政府和社会资本合作合同的行为，导致项目的失败。其次，相对于社会资本而言，政府方基于行政优益权而实施的行为越多，其参与政府和社会资本合作获利的可能性就越小，项目能持续运营的变量也就越多，导致社会资本方往往因畏惧项目的可持续性而不敢加入。因此必须对实施政府和社会资本合作合同行为时意思自治原则与行政优益权的优先性进行探讨。

为使社会资本能够完全履行政府和社会资本合作合同，规制社会资本的合法合理运作，保护社会公共利益，在政府和社会资本合作中赋予政府方适当的行政优益权是必要的，但是行政优益权的行使必须要受到严格限制。行政优益权的主要目的是保护社会公共利益，但是对公共利益进行保护的同时也必须要充分考虑到各种利益的衡量，充分对某一制度下个人利益、群体利益、公共利益进行权衡。[①]一方权力的扩大必然导致权利天平的平衡被打破。为保护社会资本方的合法权利，行政优益权的行使必须以实现政府和社会资本合作的目的为前提，以维护社会公共利益的必要为限度。在没有法律明确授权时，政府的一切行为都应当严格遵守私法自治原则，由双方基于契约自由进行约定。具言之，第一，政府方对政府和社会资本合作的解释权必须以仅涉及公共利益之条款、符合公共利益之判断为界限，对于不涉及公共利益的内容，应当由双方平等协商，或诉诸民事法律。第二，政府方在实施单方解除、变更、监督等行为时必须要严格谨慎，如果双方对行为条件及违约后果作出了约定，则政府方必须遵守双方的意思自治。

纵观我国立法，极少有关于行政优益权的直接规定。行政优益权所要保护的公共利益的内涵过于宽泛，极易出现行政机关出于私利的考虑而对公共利益的内涵进行肆意的扩张解释，此时合同约定形同虚设，行政机关获得了法律上的授权而不受合同约定义务之限制，此时社会资本方的合法权益将无法得到保障，甚至影响整个政府和社会资本合作项目的实施。为了实现利益的最大化，以及促进我国政府向新型服务型法治政府的转型，应当对政府方的行政优益权进行限缩。政府和社会资本合作合同应更多地以私法自治为基础，以诚实信用为原则，强调私法原则对行政特权的限制。以民商法上的公平、平等、交易安全、诚实信用等原则来规制作为公权主体的政府和作为私权主

[①] 梁上上：《利益衡量论（第3版）》，北京大学出版社2021年版。

体的社会资本。严格限制行政机关所享有的行政优益权等特殊权利，即便基于公共利益对合同内容进行变更和解除也要遵守合同的事先约定，要遵守意思自治和诚实信用原则，不得对行政特权进行滥用和肆意扩张。对政府和社会资本的权利进行平等分配，按照民商事法律的规定进行调整，包括法律地位的平等和法律权利的平等。行政优益权应该是可以预见的权利，需要在合同或者法律中明示，而不能成为一种法外特权或成为一种不可预见的权利。

第五章 政府和社会资本合作合同法律属性界分工具的运用

第一节 德国法上双阶理论的借鉴

一、双阶理论的起源与内涵

双阶理论最早由德国学者汉斯·彼得·伊普森在"德国联邦政府拒绝为电影《穿晚礼服的爱娃》提供拍摄贷款担保案"出具的法律意见书中首次谈到，随后，在《对私人的公共补贴》一文中对双阶理论作了进一步的系统阐述。[①]自此，双阶理论得到德国学术界和实务界的广泛重视。双阶理论的提出，是为了解决私法形式的公权力行政如何受到约束的问题，是由强调国家与社会公私二元对立到不再桎梏于公私二元对立的行政改革潮流中的突出产物。

在黑格尔法哲学思想的影响下，德国行政法学界普遍认为国家与社会属于二元对立状态。正如黑格尔所说的："市民社会是个人私利的战场，是一切人反对一切人的战场，同样，市民社会也是私人利益跟特殊公共事务冲突的舞台，并且是它们二者共同跟国家的最高观点和制度冲突的舞台。"[②]在

---

① 严益州：《德国行政法上的双阶理论》，《环球法律评论》2015年第1期，第88—106页。
② ［德］黑格尔：《法哲学原理》，范扬、张企泰译，商务印书馆2011年版。

公私二元的行政法学思想下，国家可能与人民发生一定的社会关系（如经济关系），但国家并非以公权力主体的身份出现，而是以国库身份。德国行政法学者奥托·迈耶认为，当国家为实现公共利益而作为时，其适用的就不是民法。当然，同时也可以说，当可以觉察到公权力的存在时，所适用的就不是民法，国家在法律意义上的两个不同的法律主体身份：一个是旧的国库，把国家当作是一个"营业实体"或私法人；另一个是实际的国家，即作为公法人的国家。①

20世纪，随着法治国家的发展，国家除保障社会安全外，还需要向公民提供各种给付和设施。1938年，恩斯特·福斯特霍夫首次全面论述了给付行政的发展，并提出了"生存照顾"的概念，将国家向人们提供必要的生活条件和给付确定为行政任务。②生存理论主张，国家应当积极地向人民提供满足社会生活所必需的生存照顾服务，因此公权力行政不应局限于传统干预行政，而应扩展至生存照顾领域。此后，生存照顾理论经过进一步发展，认为公权力行政还包括给付行政和引导行政，并主张给付行政和引导行政都可以通过私法的形式进行，即以私法的形式进行公权力行政。

随着生存照顾理论的发展，国家与社会之间的经济关系不断地由国库行政转为公权力行政，以私法形式进行的公权力行政范围越来越广，然而，在强调公私二元对立的传统行政法思想的时代，私法形式的公权力行政引发了大量的思考与忧虑：国家可能借助私法的形式逃避依法行政原则的约束。在这样的时代背景下，为解决如何约束以私法形式进行的公权力行政问题，伊普森提出了双阶理论。

二、双阶理论的制度价值

①［德］奥托·迈耶：《德国行政法》，刘飞译，商务印书馆2013年版。
②［德］哈特穆特·毛雷尔：《行政法学总论》，高家伟译，法律出版社2000年版。

双阶理论是将一个生活关系纵向拆解为不同阶段分别适用不同性质法规范的学说，其直接目的是解决德国法中补贴争议引发的救济问题，但实质上是为了解决在德国传统行政法的公私二元对立背景下，对私法形式的公权力行政如何进行约束的问题。

双阶理论将政府补贴明确地分为两个阶段：第一阶段是决定阶段，即国家是否向私人提供补贴的阶段，适用公法；第二阶段是履行阶段，即国家如何向私人提供补贴的阶段，适用私法。[①]其理由在于，前一阶段公权力机关决定是否向私人提供补贴的行为与公共利益的实现联系密切，当公权力机关判断提供补贴能够实现促进经济发展、提升公共利益时，便作出提供补贴的决定。反之，则作出拒绝提供补贴的决定，这一决定行为与增进公共利益的目标实现与否密切相关，当适用公法规范。而后一阶段实际上只是前一阶段的执行阶段，仅从执行阶段很难看出该行为有何公益目标，因此应当适用私法规范。

在传统的公法与私法二元对立的年代，人们就不可避免地会担忧国家通过私法来规避依法行政原则的约束，[②]从而损害人民的合法权益。双阶理论提出后，即解决了这个问题，其将前一阶段中政府决定是否给予人民补贴视为公权力行为，从而堵住了政府利用私法规避依法行政约束的漏洞。当政府拒绝为相对人提供补贴时，相对人有权通过行政救济途径，对政府行为进行合法与合理性审查，从而维护自己权益。

双阶理论将一个复合法律关系分为两个阶段，并分别适用公法和私法规范，本身就是在传统行政法学公私二元对立理论面对越来越复杂的公私关系而陷入困境的背景下提出的，其创造性地将公法和私法两种形式放进一个法律关系内，突破了传统的二元对立观念，更好地反映了现今形势下越发明显

---

① 严益州：《德国行政法上的双阶理论》，《环球法律评论》2015 年第 1 期，第 88—106 页。

② 严益州：《德国行政法上的双阶理论》，《环球法律评论》2015 年第 1 期，第 88—106 页。

的公私融合交叉的大趋势。不同于传统理论中无视一个复合法律关系包含多种复杂的公私法上的主体和行为的缺陷，双阶理论的阶段性思维将一个复杂的复合法律关系区分为前后两个阶段，通过厘清前后阶段的主体与行为性质对前后阶段的性质进行分别定性。虽然将一个完整的生活关系人为地割裂成两个法律关系，并适用不同的法律规范，有一些脱离实际并似乎随之产生了更多问题，但其对政府和社会资本合作合同法律属性的合理定位具有一定的借鉴意义。

三、双阶理论的缺陷及修正

双阶理论的特点在于将一个复杂的关系进行拆解，然后将拆解后的不同阶段分别归入不同的法规范体系予以规制。但是，虽然双阶理论利用其阶段性思维创造性地解决了公私法律关系交织下难以区分的问题，且解决了救济方式选择的难题，其本身仍有一定的疏失。

（一）双阶理论的缺陷

1. 法学上的虚拟

双阶理论的适用前提在于，能够将一个法律关系真实地区分为两个完整的阶段，且属于不同的法律关系，行为上具体可以表现为先公法行为后私法行为，抑或是先私法行为后公法行为。然而，许多情况下阶段关系的区分只是法学上的虚拟设定。[①]私法契约的成立通常需要经过要约和承诺两个过程，而双阶理论将要约与承诺虚拟化，例如，在公民向政府申请补贴的过程中，补贴申请行为既可被视作公法上的申请行政处分行为，也可被视为私法上的要约行为；政府作出补贴的行为既可被视为公法上的具体行政行为，也可被定性为私法上对要约的承诺。双阶理论将政府作出补贴通知之前的阶段划分为公法阶段，在此期间所发生的争议均适用公法救济模式，显然，要约与承

---

① 尹少成：《PPP 合同的法律性质及其救济——以德国双阶理论为视角》，《政法论坛》2019 年第 1 期，第 85—98 页。

诺在此阶段已无适用的余地。

2. 前后阶段难以清晰界分

虽然在形式上，双阶理论将一个关系分割为两个不同阶段，构建出不同的法律关系，但实践中，许多事实并不像学者设想的那样能够轻易划分清楚。例如，在政府作出补助决定时，不仅限于给予补助的决定，往往还包含了补助支付的方式、利息的计算等决定，此举决定虽然从表面上看属于政府的单方行为，但实际上也需要经过领取补贴人的事先同意（此过程显然不完全属于公法上的法律关系）。[①]人为地将一个连贯的法律关系划分为两个不同的阶段，这两个阶段之间却难以回避本身存在的某种程度的内在联系。事实上，对于划分后的两个阶段，不论公法上的法律关系与私法上的法律关系先后顺序如何，前一阶段中的法律关系所体现的权利与义务，总会或多或少地在后一阶段中的法律关系中得到体现，把一个存在内在联系与逻辑的法律关系划分为两个具有不同性质的法律关系，有时在逻辑上难以成立。

公私合作中，在政府与社会资本签订政府和社会资本合作合同之前，社会资本需要依照招采程序进行投标以及后续可能的谈判，如果将前后阶段的分界点定为"协议签订时"，那么在政府依据招采结果选定合作对象后到协议签订前这段明显带有平等协商和意思自治私法原则特征的谈判协商过程则被归入了公法行为性质，适用公法规范，此种方式明显不合理。如果将前后阶段的分界点定为"政府发布选定公告时"，如果私主体已经依据政府发布的公告决定依法获得政府和社会资本合作项目，而政府又违法撤销，那么社会资本方将会因为该阶段属于后阶段归属私法属性适用私法规范，而只能采取民事救济途径。

3. 双阶理论引起救济途径的复杂化

在公法与私法日益交织融合的今天，有越来越多的复杂的法律关系出现，政府与其他主体之间不再受限于管制与被管制的对立关系，而是走向管制与

[①] 欧阳君君：《自然资源特许使用协议的性质认定——基于对双阶理论的批判性分析》，《中国地质大学学报（社会科学版）》2015 年第 4 期，第 36—45 页。

合作并存的态势。将前后的法律关系分别区分为公法与私法的范畴，对于非英美法系国家而言，便意味着对于不同阶段的法律争议需要适用不同的法律救济途径，从而适应对应的规则。在双阶理论中，前阶段行为的瑕疵对后阶段行为造成的影响是一个难以厘清的问题。前阶段的具体行政行为在合同缔结后是继续存在还是归于消灭？前阶段的具体行政行为如果出现瑕疵，其能否对后续合同效力产生影响，若能产生影响，应当是何种影响？假设，公权力机关认为前阶段的具体行政行为有瑕疵而予以撤销，那么这种撤销是认定为授益行政行为的撤销而属公法属性，还是属于对执行阶段的私法关系加以撤销而属于私法属性？[1] 因前后两个阶段法律关系不可能被完全区分，因前一阶段的法律关系时常影响着后一阶段的法律关系，法律救济途径的选择极易陷入困境。[2] 例如，在特许经营中，对于行政机关单方解除特许经营合同的行为，到底应当归属于前一阶段而属于公法上的行为，还是归为后一阶段而属于私法上的行为？对应到争议解决上来，在行政裁判庭与民事裁判庭对同一事件的观点相左时，相对人应该如何选择适当的法律救济途径。从这个层面上看，双阶理论将同一法律关系划分为不同的阶段，增加了法律救济途径的不确定性。

（二）双阶理论的修正

1. 行政私法理论对双阶理论的冲击

双阶理论并非完美无缺，其将一个行为拆分为两个不同的法律关系是一种人为的拟制，故自其诞生以来便一直受到其他理论的挑战。20世纪50年代，汉斯·尤里斯·沃尔夫就如何对私法形式的公权力行政进行约束问题作了研究，并提出了行政私法理论。

在阐述行政私法理论之前，沃尔夫首先对公法与私法进行了明确的区分。在沃尔夫与伊普森所处的时期，判断某一法律规范的法律属性有主体说、利

---

① 陈铭聪：《公私合作模式相关法律问题研究》，厦门大学出版社 2017 年版。
② 郑雅方、满艺姗：《行政法双阶理论的发展与适用》，《苏州大学学报（哲学社会科学版）》2019 年第 2 期，第 71—78 页。

益说、隶属说等不同的标准。伊普森所提出的双阶理论，实质上是以利益说作为区分公法与私法的标准。与伊普森不同的是，沃尔夫在主体说的基础上提出"修正的主体说"，来对公法与私法进行区分。修正的主体说，是以具体法律规范主体的类别为根据，认为只适用于国家和其他特别主权主体的法律规范是公法，而适用于任何人的法律规范是私法。[①]

在对公法与私法进行具体区分之后，沃尔夫提出，为防止行政机关滥用行政形式选择自由，有必要对其进行限制。将行政机关以私法形式实施的行政行为划分为国库行政和以私法形式直接完成行政任务的行政。对于国库行政，沃尔夫赞同福斯特霍夫的观点，认为国库行政本质是行政机关以私主体身份参与的经济活动，属于私法的范畴，只应受到私法的约束。对于以私法形式直接完成行政任务的行为而言（形式上主要包括给付行政和引导行政），尽管行政机关在外观上具有私主体的身份，但实质上依然属于公权力行政的范畴。沃尔夫将以私法形式直接完成行政任务的行政归为行政私法的范围，整体上适用私法，但在特定情形下还需要受到公法的约束。[②]

尽管双阶理论与行政私法理论均在一定程度上承认公法与私法存在对立，但相比较而言，行政私法理论更被理论与实务界认可。双阶理论的法律关系虚拟、阶段难以区分等缺陷一定程度上说明了公法与私法的严格对立、难以跨越。虽然双阶理论在表面上有助于防止国家假借逃脱公法约束，但却极易造成法律关系内部逻辑的紊乱。行政私法理论更能为大众所接受的关键在于，其尽可能地将一个生活关系统一在同一个法律关系之中，符合行政法学的思想传统。

2. 新行政法学思想对双阶理论的发展

20 世纪 90 年代，随着民营化的推进、信息化社会的发展和经济全球化的影响，主张公私二元的传统行政法学不再完全适应时代的发展。1992 年，

---

① ［德］哈特穆特·毛雷尔：《行政法学总论》，高家伟译，法律出版社 2000 年版。
② 严益州：《德国行政法上的双阶理论》，《环球法律评论》2015 年第 1 期，第 88—106 页。

沃尔夫冈·霍夫曼金提出，要着眼于行政正确，不再局限于依法行政，由此提出了要求确保行政合法、行政最优和相对人可接受的新行政法学思想，主要观点包含四个方面：

第一，不再局限于公私法之间的二元对立关系，而应注重法律的实施效果。公法与私法产生不同的实施效果，私法以私人利益为核心，注重私人行为理性；公法则以公共利益为核心，遵循国家的行为理性。从优化法律实施效果的角度出发，应当充分发挥公法与私法的优点进行公私合作，弥补各自的不足。第二，新行政法学思想倡导充分利用公法与私法的优点，鼓励公法与私法相互合作。因此，应当允许行政形式选择自由。对于立法而言，可以从立法上打破公权力行政适用的规范，不再局限于公法规范；对于行政来说，只要在与现行法律不相抵触的情况下，有权利用多种形式执行行政任务。第三，强调行政的正确性。尽管立法与行政均在一定程度上享有行政形式选择自由，但对于具体的选择形式而言，需要充分考量公法与私法实施效果的优劣，从而作出最正确的选择。第四，新行政法学思想并不否认对公法与私法进行区分，但主张行政法并不应当被划归为公法，行政法本身也包含不少属于私法上的规范，如行政合同也可能准用民法规范等。

新行政法学思想与行政私法理论迥异，对双阶理论持肯定态度。既然一个复杂的生活关系难以被划分为纯粹的公法关系或私法关系，倒不如将这些关系进行纵向拆分，将不同阶段划归为不同的法律关系，从而分阶段明确所适用的法规范。与行政私法理论相比，双阶理论的特点在于将一个复杂的关系进行拆解，然后将拆解后的各个阶段分别归入不同的法规范体系来规制，而行政私法理论则是将公私法规范重叠适用于一个整体的复杂关系。而且，相比于行政私法理论过分强调合同的双方当事人，双阶理论更有助于对第三方的权利保护，例如，如果将补贴的整个过程完全视为私法阶段，则其他竞争者便无法在补贴决定阶段主张权利。

在行政私法理论、新行政法学思想的影响下，结合行政形式选择自由的广泛承认，双阶理论不再局限于"行政处分＋民事合同"模式，还发展出"行政处分＋行政合同"模式。[①] 以公立医院为例，第一阶段，是否准许人民使用公立医院的阶段属于公法阶段；第二阶段，如何让人民利用公立医院的行为，既可以适用私法（民事合同），也可以适用公法（行政合同）。

四、合同法律属性界分的借鉴

经过对双阶理论的历史背景和发展进行辩证分析，笔者认为，虽然双阶理论存在一定的局限性，但其思维模式无疑为政府和社会资本合作合同属性的辨析提供了一个可行的思路。在政府和社会资本合作这种具有复合性法律关系的模式中，双阶理论的应用将有助于对各方权利义务进行公、私法律关系的区分，也为政府和社会资本合作合同属性的判断提供一种可供借鉴的方式选择。

（一）双阶理论对政府和社会资本合作阶段辨析的借鉴意义

随着现代公共行政的发展、私法主体的介入和非公权力行为形式的增多，行政机关不仅可以以公法的形式完成行政任务，还可采用私法的行为完成。从公共管理的角度看，政府职能的优化、公共服务的市场化和社会化、政府管理的改革，以公共服务为例，政府开始主动利用社会和市场的力量推动公共服务的社会化和市场化。[②] 在这种现实的发展趋势下，强调公私二元对立的传统行政法学思想过于强调行政主体与相对人的二元对立、过于强调公共利益与个人利益的对立，不仅忽略了公私合作的情形，也忽视了相对人独立的法律地位和主观能动性，显然已不再适应民营化、信息化时代的发展，存在明显的缺陷。

双阶理论突破了传统公私二元对立的观念，并尝试在一个复杂的法律关系中挖掘出公法与私法的分界线。双阶理论带给我们最重要的方法论在于阶

---

① 张存、郑宇：《行政协议效力的司法审查规则》，《人民司法》2018 年第 19 期，第 98—102 页。

② 陈振明：《公共管理学》，中国人民大学出版社 2005 年版。

段性思维，通过对一个复杂的法律关系进行阶段性的划分，进行横向的辨识，从而厘清每一个阶段的法律关系本质。[①] 阶段性思维是双阶理论的精髓，伊普森提出的阶段性思维最初的目的在于对一个复杂法律关系中的公私法律关系进行区分。可以说，阶段性思维是区别公私法律关系的有效手段。当一个复合法律关系可以分为两个阶段时，两个阶段是否只是其中一种情形，双阶理论带给我们的启示并非固化的前一阶段的公法法律关系结合后一阶段的私法上的法律关系，而应是一种更具前瞻性的思维设想，这样的组合形式只是一种可能的存在情形，当面对日益复杂的公私关系时，分为三个阶段甚至更多阶段是否也是一种可能。双阶理论的阶段性思维无疑给政府和社会资本合作合同法律属性的界分提供了一种可行的思维导向。

（二）对政府和社会资本合作进程的阶段性划分及认定

政府和社会资本合作合同法律属性争论过往，不论是行政合同说还是民商事合同说，都是建立在公私二元对立的传统行政思维模式的性质认定的基础上，都是试图将政府和社会资本合作合同作为一个整体进行认定的。通过双阶理论的阶段性思维以及对传统公私法二元对立观念的突破，笔者认为，可以为政府和社会资本合作合同法律属性的界分开辟出一条新的道路。从整体范畴看政府和社会资本合作实施流程，从政府选定符合条件的社会资本到政府和社会资本合作合同正式签署的这个阶段，是政府与社会资本共同将公法行为转化为私法行为的过程，由单纯的行政属性转向了"公法行为＋私法合同"的阶段属性。难点在于，政府和社会资本合作模式中前一阶段的公法行为与后一阶段的私法行为之间并非泾渭分明，从前一阶段的具体的公法行为到后一阶段的私法行为并不是质的飞跃，而是一种渐进的、过渡的过程。此时政府受已作出的具体行政行为的约束，会与社会资本就签订政府和社会资本合作合同进行协商谈判，以落实其作出的具体行政行为，对于此阶段，法律关系之界限不明。

---

①郑雅方、满艺姗：《行政法双阶理论的发展与适用》，《苏州大学学报（哲学社会科学版）》2019年第2期，第71—78页。

结合上述种种考虑，笔者试做如下阶段划分：（1）将政府和社会资本合作项目采购启动之前的阶段划定为第一阶段。因采购启动前政府实施的一系列行为主要依据公法规范，且政府出于公共管理的责任，其行为的后果又将对相对人的权益造成较大影响，将此阶段定性为公法阶段，政府在此阶段实施的一系列行为定性为公法行为。（2）将采购阶段中的采购程序启动至签订政府和社会资本合作合同之前的阶段划定为第二阶段。政府采购程序启动目的是选择符合条件的社会资本方，此阶段政府和社会资本方实施的一系列行为构成复杂的法律关系，其中公法上的法律关系和私法上的法律关系相互交织，任何一元的属性认定都无法确切地描述该阶段的本质属性。因此，有必要针对具体的行为性质进行实质判断，而在实际判断中，则可同时借助"近因理论"的思维方式对各个行为的构成因素和因果链条进行分析。（3）将政府和社会资本合作合同签订后的阶段划定为第三阶段。此阶段主要为政府和社会资本合作合同的履行，因为政府和社会资本合作合同双方都需要受到政府和社会资本合作合同约定之权利义务的约束，根据双阶理论清晰界分公法与私法阶段的核心观点，所以将第三阶段定性为私法阶段。

（三）政府和社会资本合作合同法律属性的判定

从政府和社会资本合作实施的第三阶段来看，政府和社会资本合作合同应当被定性为民商事合同，但是，就此对政府和社会资本合作合同进行法律属性认定需要明确一个前提，即将政府和社会资本合作合同中涉及政府享有的行政处罚、行政强制的行政权力（也就是政府本身就拥有的行政职权的部分）剔除出去。该部分属于政府法定职权范围，理论与实务界对于政府和社会资本合作合同法律属性一直存在争论，概因政府部门将法定行政职权契约化，导致合同内容出现许多与行政权力相关的内容，从而影响对政府和社会资本合作合同法律属性的判断。事实上，合同履行过程中一旦出现违法情形时，政府方处理问题的行为依然属于具体行政行为，若社会资本对处理结果不服，往往只能通过行政救济途径维护权益。从本质上讲，政府在政府和社会资本合作合同履行过程中对社会资本一些具体行为进行的行政处理与政府和社会资本合作合同本身并无关联，做这样的假设，在一个典型的民商事合同中，一方主体因履行过程中的一些行为触犯法律法规而受到行政处罚，不能因存在行政处罚就将其视为公权力介入合同而认定其为行政合同。

政府和社会资本合作合同法律属性争议已久，至今尚未形成统一的定论。双阶理论为合同属性的辨析提供了一个全新的思路，通过将一个复杂的法律关系划分为若干阶段，分别赋予其不同的法律属性，将复杂的问题简单化。双阶理论的思维模式无疑是值得肯定的，通过借鉴双阶理论对政府和社会资本合作项目进程进行辩证分析，应当将政府和社会资本合作合同定性为民商事合同。

第二节　英美法上近因理论的借鉴

一、近因理论的历史演进

近因一词，系由英文 Proximate Cause 直译而来。[①] 近因意味着事实的原因可能有多个，但只有那些促进结果发生的近因才会作为需要考虑的原因。不必为那些远因所困扰，或对效力原因、重要原因和结果原因进行形而上学的区分，只需关注那些直接导致损失发生的最接近的原因。[②] 近因原则，最早是由英国海上保险法确立的用以认定保险理赔中承保风险与损失之间因果关系的基本规则，是确定结果和原因关系十分关键的手段和方法。近因理论起源于海上保险，自人类开展航海活动伊始，就不得不面临自然风暴等各种各样错综复杂的海上风险所导致的海上事故，从而引起了保险人与海上商人

---

① 杨召南：《海上保险法》，法律出版社 2009 年版。
② 周雪峰：《论保险法上的因果关系——从近因规则到新兴规则》，《法商研究》2011 年第 1 期，第 101—109 页。

之间的大量利益纠纷。起初，为平衡保险人与被保险人之间的利益，保险公司创设了近因理论，而后，近因理论在实践中的不断运用和总结发展，逐渐成为英国海上保险的一项惯例。英国1906年颁布的《海上保险法》首次将近因理论以法律条文的形式展现在公众的视野。

二、近因理论的内涵

准确理解近因的内涵，对于近因理论的理解和适用具有重大的实践意义。最开始人们认为，近因是与结果的发生在时间和空间上最接近的原因，这种观点被称为"时间说"或者"时间接近理论"。在因果关系单一的情况下，"时间说"确实能够合理地解释结果与原因之间的因果关系，社会大众也容易接受和理解，在早期的海上保险纠纷中，法官大多采用这一标准，屡试不爽。但是结果的发生往往是由于各种各样的原因交织而成的，无法仅仅按照时间先后顺序来解决近因问题。随着社会活动的越发复杂以及理论的发展，人们意识到"时间说"已经不能解决存在交叉因果关系的纠纷。1918年，英国上议院在莱兰航运有限公司诉诺里奇联盟火灾保险协会有限公司一案中，有观点认为，如果各种因素或原因同时存在，必须选择一个因素或原因，则将问题确定为事实之一，而选择则落在可以不同地归因于现实、优势、效率的质量因素或原因上。[①]该案的判决，否定了传统的以时间先后和空间远近来判定近因的时空标准，进而开创性地提出以效力占主导地位的效力标准，该判决是近因理论发展史上的里程碑事件。

效力标准认为，对损失的发生具有最直接、最积极、最有效的因素为近因。近因是一种与有害结果具有最密切联系的因素。当存在多重因素共同造就同一结果时，只有与结果的发生具有最密切联系的因素才能作为结果发生之诱

---

① 莱兰航运有限公司诉诺里奇联盟火灾保险协会有限公司案，伊苏夫网，最后访问时间：2022 年 3 月 7 日，https://www.isurv.com/directory_record/4227/leyland_shipping_co_ltd_v_norwich_union_fire_insurance_society_ltd.

因。1877 年美国联邦最高法院的法官在审理一起案件的判决书中认为，问题并不在于距离损失在时间或空间上最接近的原因是什么，那不是近因规则的含义，近因指的是效力上的原因，即导致其他原因发挥作用的原因。若某一原因仅仅是其他原因的附属或工具，则其不是近因，尽管其有可能在时间上与结果更为接近。只有当各种原因相互独立时，距离结果最接近的原因，才能被看作是近因。①因此，近因更应被理解为相对于一般私法因果关系而言的、更为接近结果的原因。

近因理论判断标准由时间标准向效力标准的转变，本质上是由具体向抽象、由感性向理性转变的总结归纳过程。基于上述分析可以得出这样的结论：近因既有有效性因素，又有决定性因素，是对结果的发生最具效力和起决定性作用的原因。

三、近因理论的制度价值

近因理论的运用不是一个单纯的理论问题，而是一个现实的法律问题。它不仅存在于《海上保险法》之中，还存在于其他类型的保险领域、侵权法领域、刑法领域之中；不仅存在于国外的司法实践，也存在于国内的司法实践之中。长期以来，虽然我们一直在使用近因或者是法律上的原因来进行因果关系的判断，但我们对近因理论的本质以及运用一直缺乏足够的认识。近因理论的精彩之处在于其有效性、起决定作用的特性。在很多保险理赔案件中，导致结果发生的因素往往不止一个，而是由多种因素共同构成，此时很难通过直观的判断挖掘出真正的致因。而近因理论所蕴含的有效性、决定性则为原因的挖掘提供了巨大的判断标准。这一原则之下，在导致保险损失发生的诸多原因中，占据主导地位的原因才是真正的诱因，这意味着启动性事件与主导性事件不一致时，主导性事件才是导致损失的有效原因。在 1894 年

---

① 周雪峰：《论保险法上的因果关系——从近因规则到新兴规则》，《法商研究》2011 年第 1 期，第 101—109 页。

审理的 Reischerv Borwick 一案中，[①]保险合同中约定保险公司仅对船舶发生碰撞所造成的损失承担赔付责任，不对海上风险所造成的损失承担责任。该船在海上航行时发生了碰撞，结果在为维修而将船只拖回港口的途中遭遇了海上风暴，船只的洞口被进一步撕裂，大量海水涌入船只，并最终导致船只的沉没。虽然从事故发生的时间顺序来看，船只的沉没直接来源于海上风暴，但损失的真正原因在于之前的船舶碰撞，碰撞对最终沉没产生了有效性和决定性的影响。

近因理论起源于英美法系国家，虽然我国立法中并未以法律条文的形式肯定近因理论，但在我国的保险实践中近因理论早已占据重要地位。上海浦东新区人民法院在 2009 年上海名家敬老院诉都邦财产保险股份有限公司上海分公司意外保险纠纷一案的判决中写道："从表象上看，似乎肺部感染作为插因促成了保险事故的发生，进而阻断了骨折与死亡之间的联系，且被告举证骨折卧床和肺部感染之间没有必然联系，但实际情况是，受伤卧床极易导致肺部感染并引发死亡，按常理推断也存在概率较高的风险，况且被保险人胡宏鑫年事已高，那么，骨折、肺部感染和高龄之间的因果关系就非常明显。本案中意外骨折和肺部感染都是导致被保险人死亡的原因，意外骨折和肺部感染作为保险事故发生的连续的原因，有先后之分。骨折虽然不是死亡的直接原因，但是确实导致肺部感染并引发死亡，骨折、肺部感染和死亡之间具有先后的因果关系，骨折是死亡的主要诱发因素。"[②]该判决实际上便是引用了近因理论，确定骨折是最终死亡的有效原因。

近因理论的有效性标准对侵权法、刑法领域因果关系的判定同样具有巨大的利用空间。首先，保险法中的近因理论与侵权法中的因果关系相对应。学界通说及司法实践都认为侵权行为的构成要件包括四个方面：损害行为、

---

①徐峰：《海上保险法"近因原则"之历史变迁研究——以与侵权法"因果关系原则"的比较为视角》，《信阳师范学院学报（哲学社会科学版）》2020 年第 2 期，第 36—43 页、第 134 页。

②上海名家敬老院诉都邦财产保险股份有限公司上海分公司人身保险合同纠纷案，上海市浦东新区人民法院，（2009）浦民二（商）初字第 5838 号民事判决书。

损害事实、行为人的主观过错、行为与结果之间的因果关系。针对因果关系而言，损害事实是违法行为的客观连接，而本质上是私法上行为人对自身违法行为负责的必然延伸。侵权法上的因果关系同样遵循单一认定标准，以效力标准替代"时间说"。但是保险法中的因果关系与侵权法中的近因理论存在较大差异，主要体现在两个方面：一方面，侵权法上的近因并不来源于双方之间权利义务的约定，而来自法律的事先设定，然而保险法上的近因效力来源于双方所签订的保险合同，对近因的确定和判断需要与合同约定紧密联系。另一方面，侵权法中损害结果与损害行为之间可能存在多种因素，多种因素之间可能既存在先后之分，也存在主次之分，侵权法可以通过比例原则来确定行为人的赔偿责任。而在保险领域中，引起损害的近因只有一个，各种因素对于保险损失以全有或全无的状态出现，保险人则根据保险合同承担全有或全无的赔付责任。[①] 其次，保险法中的近因理论也与刑法上的因果关系存在联系。在英美的刑法理论中，近因判断是在事实原因已经清晰之后，对其结果是否可以归属于该因所进行的规范性判断，是因果关系的核心。[②] 按照英美刑法通说，只有行为人的行为既是结果的事实原因，又是其法律原因时，才能证明存在因果关系。行为是结果的事实原因意味着行为是结果的必要条件，而行为是结果的法律原因则表明行为是结果发生的近因。行为与结果之间的联系经过法律和事实两个方面的双重筛选，只有当行为既是结果的必要条件又是结果的近因时，行为与结果才具有因果关系，被告人才能成为刑事追究的对象。

剥离近因理论的本质就会发现，凡涉及事物的本质问题都可以借鉴近因理论。在哲学的视野里，虽然事物与事物之间相互联系，但究其根本，各个事物都有其自身本质的属性。只要该事物未被其他事物影响其本质属性，就

[①] 徐峰：《海上保险法"近因原则"之历史变迁研究——以与侵权法"因果关系原则"的比较为视角》，《信阳师范学院学报（哲学社会科学版）》2020年第2期，第36—43页、第134页。

[②] 沈琪：《英美刑法中的近因判断及启示》，《比较法研究》2014年第2期，第160—175页。

仍然应该依据其而对事物的性质和归类进行认定。[①]结合到近因理论的本质上，就可以在很多方面对其"有效性"和"决定性"的特征进行借鉴。例如，在合同纠纷中可以借助近因理论判断双方争端的根本问题之所在，在政府和社会资本合作项目纠纷中可以借助近因理论判断具体的合同属性，进而确定法律适用、争议解决程序以及合同终止后双方利益保护的方式等。虽然近因理论主要存在并适用于保险法和侵权法领域，但其所体现出来的究本质、抓主要的特性却能渗透到其他领域的问题解决之中。

四、合同法律属性界分的借鉴

借助近因理论的有效性和起决定作用的本质特征，对影响合同法律属性的各种因素进行分析，选定最能体现合同本质、对定性影响最大、起决定性的因素，截取众多因果链条中最近的影响因子，从而对合同的法律属性从实质上作出准确判断。

（一）合同构成因素层面

目前学术界对于政府和社会资本合作合同法律属性的判断存在"主体说""目的说""合同标的说""综合判断说"等观点。实践中大多数国家都是综合运用多重标准，例如日本和法国的"三标准说"，德国的"法律关系标准"，[②]这些标准的本质都是对"综合判断说"的理论借鉴。对此，笔者持支持态度。

但是，综合判断说的难点在于，无法对能够对政府和社会资本合作合同属性产生影响的诸多因素进行准确的判断。例如就行为而言，政府和社会资本合作模式中既有社会资本方的行为又有政府方的行为，其中政府方的行为

[①] 崔建远：《行政合同族的边界及其确定根据》，《环球法律评论》2017 年第 4 期，第 21—32 页。

[②] 李霞：《论特许经营合同的法律性质——以公私合作为背景》，《行政法学研究》2015 年第 1 期，第 22—34 页。

既有属于民事行为的部分，又有属于行政行为的部分，由于政府方身份的特殊性，难以对某一行为的法律属性进行准确的定性。再比如，在对政府和社会资本合作合同目的进行研究的过程中，由于政府和社会资本合作合同既有属于维护公共利益的目的，又有单纯属于物资、服务采购的目的，选择何种目的更能反映政府和社会资本合作合同属性便是十分关键的问题。

近因理论的主要价值便在于，可以为"综合判断说"中关于合同构成要素的属性判断提供参考价值。由于"综合判断说"认为判断合同属性需要同时对合同的订立主体、合同目的、合同条款内容等众多合同因素进行综合判断，甄选出最能体现合同特征、最能突出合同价值的因素群，通过对这些因素进行公、私法的范围划分，进而判断合同属性，其本质上是出于"比例"与"顾全大局"的考虑。在中核城市建设发展有限公司与四川兴文经济开发区管理委员会合同纠纷一案①中，法院判决便体现了近因理论在合同要素方面对判断政府和社会资本合作合同属性的价值。法院认为，中核城市建设公司在该政府和社会资本合作合同的订立过程中，以及在决定合同内容等方面享有充分的意思自治，合同的具体内容也体现了双方主体在平等的基础上相互协商、达成一致的合意，肯定了该政府和社会资本合作合同的民事属性。从该案的判决精神可以看出，法官借鉴近因原则对该政府和社会资本合作合同中的民事要素与行政要素进行了剥离，在对这些民事要素与行政要素进行充分的对比分析后，认为民事要素更能反映该政府和社会资本合作合同的本质属性。是在权衡合同所包含的私法属性和公法属性之后，认为该合同的意思自治因素明显高于行政审批和许可等行政因素，对合同内容进行实质性判断得出的结论，其背后渗透出的是对近因理论的因果判断方法的借鉴。

近因理论为"综合判断说"的实践路径提供了更具有信服力的理论依据。在从分析多个合同构成因素到对政府和社会资本合作合同属性定性之间，并无一个确切的路径，更多的是依靠法官的理解和自由裁量权。而借鉴近因理

---

① 中核城市建设发展有限公司诉四川兴文经济开发区管理委员会合同纠纷上诉案，四川省宜宾市中级人民法院，（2020）川15民终794号民事判决书。

论，便可将对政府和社会资本合作合同属性的影响"最有效""起决定性作用"的合同因素甄选出来，从而为"综合判断说"提供理论支撑和实践工具。在更为精确地判断政府和社会资本合作合同法律属性的同时，也在一定程度上对法官的自由裁量权进行限制。

（二）因果链条层面

分析政府和社会资本合作合同的法律属性，不仅要从合同的要素入手，还需要考虑行政因素与民事要素因果链条的节点问题，只有充分挖掘合同内容背后所代表的法理基础，才能深入剖析合同的实质。不论是民法学家还是行政法学家，对于行政合同的目的是实现公共利益和行政合同是行政机关实现国家管理的基本手段这两种认识是相同的，[1]不存在相悖的结论。区别在于二者的关注点不同，民商法学家更多地关注意思自由等民商事要素，而行政法学家则是更多地关注行政优益权等行政要素。正如一座山峰，在甲的眼中是一座山，在乙的眼中也是一座山，不同之处在于甲可能认为这座山海拔比较高，而乙却可能认为与自己家乡的高山比起来，这座山顶多算作低矮的丘陵。

借鉴近因理论从因果链条层面对政府和社会资本合作合同法律属性进行分析是另一条具有可行性的路径。在英美国家中，判断一个事物的近因采用的最普遍的办法便是链条法则，也称为原因链条规则（Law of Chains of Causes）。[2]任何一个事物的结果，都是由一个或多个原因产生的，而这些原因本身既是它之前一个或多个其他原因的结果，又是它之后一个或多个结果的原因。这些原因和结果之间形成无数条环环相扣的原因链，产生不以人的意志为转移的自然现象，便是原因链条规则。[3] 1918 年，纽约上诉法院大法官卡多佐在 Bird 诉 St.Paul Fire&Marine Insurance Co. 一案的判决中写道："在

---

[1] 湛中乐、刘书燃：《PPP 协议中的公私法律关系及其制度抉择》，《法治研究》2007 年第 4 期，第 3—11 页。

[2] 张天平：《保险法之近因原则初探》，《法制与社会》2012 年第 25 期，第 25—26 页。

[3] 朱新才：《保险近因原则初探》，《上海保险》2006 年第 2 期，第 37—39 页。

侵权法里，……法官倾向于在因果链上追得远一些，比合同法要远。"[①]

具体到政府和社会资本合作合同中，双方的争议和分歧主要在于，政府和社会资本合作合同的实施与行政机关达到行政管理、公共服务等维护公共利益的目标之间的因果链条到底在何处断裂。此时，近因理论的价值，便可以在于因果链条远近的判断之中。如果把较为遥远的因果链条也纳入其中，就会轻易地认定某具体合同是行政机关实现行政管理职能的手段，是实现公共利益的工具，则结论是该具体合同属于行政合同；如果将稍远的因果链条截去，仅仅以第一个因果链条为准，那么，该具体合同距离行政机关实现行政管理职能、实现公共利益的目的相对远些，则该具体合同便不是行政合同，而是民商事合同。[②]

结果与行为之间往往存在着多重因果关系，多重因果可能共同促进结果的发生，也可能是其中某一因素导致了另一因素的产生，而另一因素才最终导致结果，甚至还可能存在更多的环节。在这种多重因果场合下，若肤浅地以最靠近结果的因素为原因，未免失之偏颇。而综合考虑各个因果链接，截取最能体现影响力的"近因"（或曰主要原因、有效原因、决定性原因），则更为客观合理。借鉴近因理论，截取最近的因果链条，对每一个环节进行定位，剖析其蕴含、体现的属性，从而更合理地解决问题。

（三）司法适用路径

在目前的司法实践中，各级法院对政府和社会资本合作合同法律属性的判断，虽然是基于对合同实质内容的分析，不以合同形式为核心，但在具体判断路径上依然模糊，并无一个普适性的标准，更多地需要法官基于经验、价值观进行判断。因此，将近因理论引入对政府和社会资本合作合同法律属性的判断中是具有开创性意义的，通过借鉴近因理论，从合同的构成因素和因果链条入手，结合"综合判断说"的方法，可以更加准确地对政府和社会

---

①Bird v.St.Paul F.M.Ins.Co.,120 N.E.86(NY1918).

②崔建远：《行政合同族的边界及其确定根据》，《环球法律评论》2017年第4期，第21—32页。

资本合作合同进行定性，进而决定对应的司法适用，具体可以从以下几个方面入手。

1. 合同目的

政府和社会资本合作合同目的反映了合同主体的签约意图。由于政府和社会资本合作合同的特殊性，合同目的呈现多样化的特点，政府方和社会资本方往往有不同的签约目的，而即便是政府方，在不同的场合下签约目的也不一定相同。政府方的签约目的可能是为了实现行政管理或者公共服务，也有可能单纯是为了市场采购。对社会资本来说，有的观点认为社会资本方参与政府和社会资本合作项目是在行使社会治理的参与权，出于公共目的，也有许多人认为社会资本方参与政府和社会资本合作的主要目的是获取利润。可以看出，对政府和社会资本合作合同目的的争议不仅表现在不同主体之间，还表现在同一主体的不同场合。近因理论则可用于对合同双方的真实目的进行判断，明确合同双方最能反映合同法律属性的真实意图。

以原告北方华录文化科技（北京）有限公司诉被告沙湾县（现新疆维吾尔自治区塔城地区沙湾市）人民政府行政协议一案[①]为例，北方华录公司、新丝路公司和沙湾县人民政府三方签订的《合作协议书》，北方华录公司与新丝路公司签订的《PPP 模式合作项目合同》。原告北方华录公司以沙湾县人民政府违反《合作协议书》之约定为由，将其诉至法院要求按照行政程序审理此案。首先，从合同主体构成来看，合同主体包含作为行政机关的沙湾县人民政府和两个社会资本方（原告和新丝路公司）。合同约定：（1）新丝路公司采用政府和社会资本合作模式和原告合作投资建设本项目。（2）项目资金采取新丝路公司通过政府购买服务的形式支付社会资本方（即原告）的前期投融资。（3）如果新丝路公司延误支付购买服务价款，新丝路公司在正常付息的同时，每拖延一天则按项目违约部分的万分之一向原告支付违约

[①]北方华录文化科技（北京）有限公司诉沙湾县（现新疆维吾尔自治区塔城地区沙湾市）人民政府行政协议案，新疆维吾尔自治区塔城地区中级人民法院，（2021）新 42 行初 3 号行政裁定书。

金。从合同内容可以看出，合同目的并非为了实现行政管理或者公共服务目标。很明显，合同三方出于私人利益的意图对合同整体目的施加了有效性、决定性的影响，私人利益才是政府和社会资本合作合同目的真正的近因。其次，从因果链条上来看，本合同不是沙湾县人民政府对社会资本方进行授权的形式，合同目的并非直接实现行政管理或者公共服务目标，此合同形成的法律关系与双方基于支付对价而形成的民事法律关系更为接近。综合对合同构成因素和因果链条层面的分析可得出该合同属于民商事合同的结论，而此结论也与法院判决"原被告双方的协议是属于平等的民事主体之间签订的民商事合同，不属于行政诉讼法受案范围"的结果相一致，同时也进一步验证了近因理论对合同法律属性判断的可操作性。

2. 合同主体身份

对合同法律属性进行判断的主体标准认为，只要合同主体之一为享有公权力的机关，该合同便是行政合同。然而事实上，主体是否享有公权力并不能直接作为认定合同法律属性的因素之一。王利明教授认为，主体标准无法作为认定行政协议的标准主要表现在以下两个方面：（1）与《民法典》关于机关法人的规定存在冲突；（2）主体标准将导致合同能否履行及能否有效等完全取决于政府的意愿，难以有效保障社会资本合法权益，也不利于对合同约定的严格遵守。[①]因此，判断政府和社会资本合作合同法律属性，不应以合同主体是否享有公权力为准，而应以其以何种身份订立合同作为辅助判断标准。在政府和社会资本合作合同法律属性判断中，则主要表现为对政府方机关法人与行政机关身份的辨别，而这也就是近因理论对主体身份判断的参考价值。

以江苏金太阳建设工程有限公司与泰州市姜堰区现代科技产业园区管理

---

①王利明：《论行政协议的范围——兼评〈关于审理行政协议案件若干问题的规定〉第 1 条、第 2 条》，《环球法律评论》2020 年第 1 期，第 5—22 页。

委员会合同纠纷再审一案为例，[①]科技园区管委会与金太阳公司签订了《合作协议》及《补充协议》。从合同构成因素看，协议内容主要是对工程项目选址、项目建设、双方的权利义务等内容进行的约定，科技园区管委会并不具有合同履行的监督权、指挥权、单方面变更、解除合同权，双方当事人在法律上处于平等地位。从因果链条上看，泰州市姜堰区人民政府授权科技园区管委会是行政管理关系。而科技园区管委会与江苏金太阳建设工程有限公司签订《合作协议》及《补充协议》，二者构成合作伙伴关系。很明显，泰州市姜堰区人民政府与科技园区管委会之间的行政管理关系显然不是该合同法律关系的近因，故而科技园区管委会是以机关法人的身份与金太阳公司签订《合作协议》及《补充协议》，两协议本质是民商事合同。

3. 合同权利义务

权利义务关系是一个法律关系中最为核心的构成，最大限度地对一个法律关系产生决定性的影响。在政府和社会资本合作合同中，政府方和社会资本在享有权利的同时，也必须承担约定的义务。而就权利义务来说，对政府方的权利义务性质存在的较大争议，也是对政府和社会资本合作合同法律属性进行判断的难点。近因理论可以为准确判断政府方权利义务性质提供可行的路径，对政府方基于政府和社会资本合作合同享有的全部权利义务进行质与量的分析，剥离最能反映签约意图、对社会资本影响最有效和起决定性作用的权利义务，从而对政府和社会资本合作法律关系的行政属性与民事属性进行对比分析。世界上的事物复杂多样，单色调的事物只占一部分，有些甚至多数事物都色彩纷呈、属性多样。只有同时根据近因理论对合同构成因素和因果链条进行双重分析，抓住事物的主要矛盾和次要方面，结合哲学思想及思维方法，才有可能周延地定性和界定政府和社会资本合作合同法律属性。

---

①江苏金太阳建设工程有限公司与泰州市姜堰区现代科技产业园区管理委员会合同纠纷再审案，江苏省泰州市中级人民法院，（2018）苏12民再6号民事裁定书。

第六章　政府和社会资本合作合同
民商事属性趋向与立法考量

第一节　民商属性趋向下的契约精神重塑

一、契约精神在政府和社会资本合作合同中的本质体现

政府和社会资本合作不仅影响着基础设施和公共服务领域，而且深刻地影响、调整着社会关系，这是对政府与社会资本方或对立或从属的传统关系的革新。在我国语境下，政府和社会资本合作本质是充分发挥政府和社会资本方各自的禀赋优势，通过兼顾效率和公平原则而进行互补性合作的一种制度安排，核心在于公私的伙伴关系，只有公私两方处于平等对话地位才可以成为伙伴，才可以展开真正意义上的合作。投资具有不确定性风险，任何交易都是对不确定预期的合约，为了控制风险和提高可确定性，需双方达成契约共同遵循。

契约在罗马法中占有重要地位，本义是指交易，其主要特征除了包括缔约自由外，同时也蕴涵了契约主体地位平等的含义。西方文化中的契约范畴，从一开始限于私法意义上的交易，逐渐发展到公法上亦承认契约的存在。在西方，契约不仅仅只是一种法学概念，因其最根本的守信用精神被各界推崇，

进一步被赋予了社会、经济、宗教上的意义。契约精神也是西方文明社会中商品经济所派生的一种主流精神，其推崇平等、尚法、守信的品格，基于遵守基本社会规则的理性角度，逐渐形成一个西方社会商业经济的文化环境。正是这种崇尚契约的社会风气孕育了政府与社会资本的这种合作模式，并使之在世界各地进一步推广开来。我国决策层对政府和社会资本合作寄意深远，在投融资体制改革之上，还赋予其推进国家治理体系和治理能力现代化的发展目标。如此看来，规范运作、尊重契约精神是推动政府和社会资本合作发展的首要任务。根据现代契约理论，政府和社会资本合作是参与各方缔结的一组契约的集合，精髓是合作而非对抗，政府通过共享治理权与社会资本方合作治理。美国学者弗里曼教授认为，合作治理必须以解决问题为导向。在政府和社会资本合作模式中，应当建立一套双方约定俗成且能妥善协调双方利益关系的规则，才能促成合作目的的最终实现。基于合作而非监管，构建一种相互信任，而又富含灵活度、容忍度的制度安排，从而区别于格式化、硬性化的单方刚性治理。

现代社会是通过自由订立的契约来实现主体间的合法支配，所有社会的进步运动都是从身份到契约的运动。从法律的视角看，政府和社会资本合作模式并不存在政府能够凭借权威身份强制社会资本参与合作的法理基础，二者的合作关系均需通过标准化的契约形式得以平等地建立与维系。通过庞大的政府和社会资本合作合同建构起来的合作本身便代表了公共服务供给机制的创新，恰恰是当代公共行政理论与实践的伟大进步。但是，形式化的契约安排与实质化的契约履行往往存在着应然与实然的差距。政府和社会资本合作合同所预设的权利义务分配并非当然转化为合同履行时各方权利的正确行使与义务的妥善担当。在具体的行为机制层面，政府和社会资本合作目标的实现需要政府和社会资本同时恪守契约精神，以此将书写在合同纸上的权利义务转化为彼此间的协同配合与一致努力。

二、契约精神在政府和社会资本合作发展中的缺失及匮乏

（一）不同价值理念的冲突

不同主体、不同立场、不同角度引发不同的价值取向。所谓价值理念，是指导致某一主体作出具体特定行为的态度和准则，价值理念更是一种倾向于精神层面的取向和追求。对政府而言，实现基础设施建设和公共服务的供给职能，缓解财政资金紧张，避免政府隐性负债的增加，事实上已经成为各地方政府大力推广政府和社会资本合作的主要动因。而社会资本方作为市场经济主体，进行经济活动的根本动力则是追求商业利益，其追求的终极目标是追求投资利益的最大化。在此情况下，政府与社会资本方难以在风险及利益分配上达成共识，对于公共利益亦有所忽视，若在意识层面上有所偏差，将难以完全按契约行事，双方合作势必难以取得预期的效果。

在契约精神的催化下推动社会发展，私权神圣与私法自治形成了经济社会中最重要的理念。所谓私权神圣，意味着私权至上，无论是政府机关还是其他主体，均不得对私权进行侵犯。当社会大众普遍认同和接纳了私权神圣这一理念时，大多数人在社会交往中不仅会主动捍卫自己的权利，也会尊重他人的权利。所谓私法自治，是指个人在私法领域可以根据自己的意愿安排自身的生活和事务，但自治应以不侵犯公共利益和他人利益为限度，具体体现在政府和社会资本合作项目中，不同国家受"合作国家"观念的影响，国家与社会的关系从法律规制方式朝向伙伴式模式发展，形成合作式的法律体系构造。平等与合作，指向的则是民商法中的合同、契约、意思自治。可见，政府和社会资本的立场及角度不一，对于实践当中是否践行及如何践行契约精神提出了诸多挑战。

（二）政府信用风险

政府信用风险从一定意义上讲，就是政府是否具有契约精神的问题。政府秉持契约精神是政府和社会资本合作成功的关键。政府和社会资本合作项

目失败的案例中，有一部分是因为个别地方政府违背承诺而致合作方利益受损，甚至导致项目失败。从宏观上来看，政府是一系列规则制定者，也即裁判者，但目前，因为游戏规则不统一、不稳定、不可持续，导致参赛者无所适从。一个好的模式、好的制度，需要有良好的法律土壤为其发展提供养分。从微观上分析，某些地方政府具有不履行或拒绝履行政府和社会资本合作合同义务及责任的动机。在传统行政法理念的影响下，行政机关与行政相对人具有不对等性，其具有天然权威，容易导致政府和社会资本合作缔约、履约过程中"重承诺，轻践行"的情形出现。

（三）权力因素与契约精神的博弈

基于现代国家职能与角色的转变及公众对行政民主化的期望，契约在公法上是否成为可能引发争论，行政合同的出现便是对这一问题最好的回应。其有效结合了权力因素与契约精神。一方面，行政合同基于行政主体与行政相对人协商而达成，系契约精神的体现；然而行政主体仍保有行政优益权，确保公共目标的实现，具有权力因素。行政合同中权力因素与契约精神存在悖论，假如行政合同完全适用私法规则，那么我们可以想象，具有自利倾向的经济人，在合同中会怎样地追逐个体利益而置公共利益于不顾。[①]同时，如果行政权力的行使没有有效的定位和制度约束，其天然的扩张本性又会将问题引向另一个反面——行政合同异化为行政命令。

行政合同本身就起源于私法契约，遵循意思自治，亦体现着契约精神。如果不需要达到契约性所要求的合同双方当事人达成合意的状态，政府和社会资本合作项目完全可以通过行政行为来完成，而不需要通过行政主体让渡权利和给予优惠条件来与相对人达成交易来实现。契约性正是政府和社会资本合作合同所要达成的效果。行政合同并非与其他属性的合同泾渭分明，其具有公私法的混合性，界限比较模糊。行政法在发展过程中，融合了公法和私法的特征，突破了公私法的限制，使得公法、私法、经济法等规则均可被

[①] 戚建刚、李学尧：《行政合同的特权与法律控制》，《法商研究—中南政法学院学报》1998 年第 2 期，第 64—69 页。

酌情适用。但是，行政合同中的契约精神与权力因素构成了行政合同的悖论。传统契约法的一般规则已为特别或例外规则所取代，因此现代契约的发展现象甚至被称为契约的消亡。政府和社会资本合作的继续推动以引入社会资本为前提，公与私的结合需要平等对话，需要契约联结，否则可能会给政府手中的权力打开一扇方便之门，导致政府滥用行政优益权的行为不断涌现，从而使社会资本对投资政府和社会资本合作项目望而却步。

三、契约精神的严守与重塑

政府和社会资本合作从根本上就要求政府改变自身定位，由公共产品的唯一提供者转变为项目的合作者和监督者，这也决定了合作双方必须有高度的商业诚信和契约精神。政府和社会资本合作模式体现的政府治理层面上，契约的运用则使人类找到了通往善治的阶梯，实现了治理方式的刚柔并举，使公民有序参与政治、人人皆享治权在技术上成为可能，并可借此破解"主仆关系"名实难副的千古难题。[①]当行政机关无论是基于行政目的，还是带着职能要求与社会资本展开政府和社会资本合作项目合作并形成政府和社会资本合作合同，都意味着行政机关和行政职权在一定程度上需受制于契约。与传统单方行政行为不同的是，在契约视角下，纯粹的单方面性、强制性特征被意思表示一致所形成的契约所取代。政府和社会资本合作合同蕴含着契约主义发展所抽象出来的现代契约精神，体现了政府治理由权力理念向自由、平等、合作、互惠的契约理念转变。

政府作为政府和社会资本合作合同一方的主体，理应践行建设法治政府的各项法规，信守承诺和恪守契约精神是建设法治政府的具体内涵和要求。在市场行为中，应当将自己置于平等市场主体地位，尊重契约精神，维护公平正义。契约精神的建立，能够逐步转变我国政府公共管理的思路和体制，

---

①江必新：《中国行政合同法律制度：体系、内容及其构建》，《中外法学》2012年第6期，第1159—1175页。

为政府和社会资本合作的健康、可持续发展提供制度保障。我国政府和社会资本合作已进行到深入发展阶段，在不断提升经济敏锐度和政治可接受性的同时，我们不能忽视社会文化因素对政府和社会资本合作发展的影响。政府和社会资本合作要实现在我国的科学发展，严守契约精神是必然途径。

第二节　民商事属性于立法中的考量

一、我国政府和社会资本合作的立法窘境

（一）我国政府和社会资本合作规制体系现状

我国政府和社会资本合作规制体系由政策性规制和立法性规制共同组成。政策是为了实现政治、经济、文化等目的而确定的相应原则和准则，而法律是由国家制定或认可，并由国家强制力保障实施的具有普遍法律效力的规范体系，其目的在于维护、巩固一定的社会关系和社会秩序。政策性文件承载着各种各样的政策信息，是公共政策的载体，在我国的社会治理中扮演着至关重要的角色，是推动制度改革、调整多样的社会关系、实现国家治理的现代化和民族复兴的重要工具。各种政策性文件之间构成一个相互影响、相互联系、相互制约的完整体系。政策性文件构成的体系与法律体系相辅相成，共同规制和改变着整个社会主体的行为方式，二者存在千丝万缕的联系。政策往往作为法律的先导承担着法律实验的任务，待具备成熟的立法条件之时，再由立法机关通过一定的程序制定正式的规范性法律文件。中国政治发展中政策与法治两大因素的关系，可以用"先政策、后法律"的经验式模式概括。所谓"先政策、后法律"，是指中国的相当一部分法律来自政策，在

中国的法治发展中，政策法律化是一个重要的内容。[①]

1. 政策性规划

从目前政府和社会资本合作模式的实践来看，我国对政府和社会资本合作模式的政策规制手段表现得较为主动。上至国务院、各行业部委，下至各级地方人民政府、金融机构，都在政府和社会资本合作模式规制过程中扮演着政策制定者的角色，制定主体表现为多元化的特色。但是，这样的政策制定模式优劣参半。

第一，政府和社会资本合作项目实施过程中的许多问题都通过政策性文件予以规制解决，而政策制定的周期短、效率高，能对各种具体、复杂的问题作出快速的应对方案，也能为政府在参与政府和社会资本合作项目中行使公共权利提供明确的依据和指引。在政府和社会资本合作模式自2014年起步到如今的高速发展过程中，政策性文件对政府和社会资本合作模式的规制起到了至关重要的作用。

第二，尽管政策性规制具有反应快、效率高、灵活性强的特点，但存在的问题也显而易见。首先，政策制定主体多样化、规制体系缺乏统筹领导。其次，规制政策多停留在宏观层面，往往不会深入到问题根髓，不会有针对性地提出问题的解决方法。政策规制往往只提出原则性的指引，并未明确政府和社会资本合作规制的一般做法，具体到执行过程中则表现为应对政府和社会资本合作具体问题时往往缺乏详尽的依据而只能摸着石头过河。而且，在大多数情况下，地方政府为快速推进政府和社会资本合作项目，为消除前进障碍而通过分析上级政府的政策及相关精神，自己制定相关的政策性文件，但因为这样的政策制定方式没有依据严格的程序，即便在较短期限内可能有效，依然很难实现长期有效的监督，明显的功利性特征也使其合法性受到质疑。由于缺乏统筹规划，"就事论事"的政策对相同类型的其他行业政府和社会资本合作项目指导意义不大，导致政策制定成本的大量浪费。另外，由

---

① 潘同人：《中国政策性文件的政治学思考》，《云南社会科学》2012年第5期，第73—77页。

于各个部门在制定政策的时候，出于利益博弈的考虑，往往会制定出有利于本部门的政策，从而会给政府和社会资本合作规制的执行造成一定程度的混乱。最后，政策的制定和存废通常过度依赖部门领导的意志，领导的更迭往往给政策的存废带来极大的不稳定性，造成"一套人马一套政策"现象的发生。作为规制工具的政策没有底气、不稳定，执行中便会出现各种各样的问题。

总体上看，政府和社会资本合作的政策性规制有一定的可取性，可以为政府和社会资本合作项目的实行提供灵活性、原则性的指导意义，但却没有清晰的脉络，稳定性不强，无法保障政府和社会资本合作项目的长远发展。

2.立法性规制

作为主管部门的财政部、发改委等部委和地方各级人民政府密集型地出台各种政策性文件，但通过统筹的立法方式对整个政府和社会资本合作项目进行规制的方式却并不多见。[1] 现已存在的政府和社会资本合作规范性法律文件的法律效力普遍不高，尚未上升到基本法律的地位。我国目前的政府和社会资本合作规制的立法体系主要由部门规章、地方性法规和规章构成，除了《政府采购法》《招标投标法》外，尚缺乏法律法规进行规制和指引。缺乏顶端规制措施，过多地依赖下级部门制定各类规范性法律文件对政府和社会资本合作进行综合掌控十分困难，而从国家级层面对政府和社会资本合作进行有效的法律规制便更是无从谈起。[2] 实践中积累的先进的经验不能得到及时提炼，使得政府和社会资本合作立法缺乏实践的反馈。对政府和社会资本合作的规制政策性文件数量众多，但效率却十分低下，且各种办法、各个部门之间缺乏有效的沟通和协调，导致经常出现针对同一政府和社会资本合作项目的规制依据相互矛盾的情形。分离式的立法与规范法律文件碎片的制度倾向问题，理论研究和法律制度安排并未获得相应的协同发展，使政府和

---

① 李显冬、李彬彬：《试论我国PPP法律系统规范的构建》，《财政科学》2016年第1期，第125—131页。

② 丁新正：《构建以普通法律立法为引领的我国PPP制度体系安排研究》，《重庆理工大学学报（社会科学）》2020年第1期，第132—145页。

社会资本合作法律构建左支右绌，进而造成概念形式逻辑下政府和社会资本合作法律适用的困境。在政府和社会资本合作法律适用这一问题上，其前提应当是确定法律关系的属性及其想要表达出的意图。

（二）法律与政策的冲突与衔接

1. 政府和社会资本合作政策弊端

上文已谈到，目前我国政府和社会资本合作主要是通过政策驱动发展的。遗憾的是，这些政策不可避免地存在着诸多问题。第一，政策不同于法律，变动性很强，时常无端地增加政府和社会资本合作项目的政策变动风险，导致相关合同无法正常履行。不信守承诺、缺乏契约精神亦是社会资本参与政府和社会资本合作项目的顾虑之一。第二，政策制定主体复杂。例如财政部和发改委，基于利益博弈的考虑，频繁出台的政策和规范性法律文件往往相左，政策不统一造成项目执行的困难。第三，各部门追求的目标不一，相互矛盾甚至排斥的政策目标在一定程度上影响了政府和社会资本合作政策的实施效果。[1]因此，有必要建立一套完善的法治体系，将相关的政策固化为法律，为政府和社会资本合作的发展保驾护航。

目前的政府和社会资本合作政策文件繁多，时常相互冲突，不具有统筹适用作用，亟须一套统一的立法来约束各部门的权力，增强社会资本方参与的信心。需通过具有确定性、可预测性、权威性的法律替代"朝令夕改"的政策，增强社会资本方对政府的信任度和对项目的安全感，保障其合法权益。最后，鉴于政府和社会资本合作项目的参与主体较多，各主体利益趋向不同，法律关系繁杂，需要借助法律来权衡调和各方利益，合理分配风险负担，实现共赢。[2]

同时也需明白，政府和社会资本合作立法与政策是相辅相成、并驾齐驱

---

[1] 喻文光：《PPP规治中的立法问题研究——基于法政策学的视角》，《当代法学》2016年第2期，第77—91页。

[2] 喻文光：《PPP规治中的立法问题研究——基于法政策学的视角》，《当代法学》2016年第2期，第77—91页。

的，企图以完全的政府和社会资本合作法律取代政策之想法荒谬且不切实际。政府和社会资本合作政策不具有执行性，通常是对项目实践中出现的新问题所作的原则性和指导性的规范，属于制度创新的范畴。同时政府和社会资本合作问题本身的复杂性与不确定性，也决定了不可能所有问题都通过法律途径解决，这实际上便赋予了政府和社会资本合作政策长久的生命力。加之法律具有天然的稳定性、滞后性等缺陷，而政府和社会资本合作政策具有及时性、灵活性、目标工具性等优点，能够灵活地对法律无法及时规制的政府和社会资本合作实践进行规制。

2. 法律与政策的双重审视

法律和政策从来都不是二元对立的，而是紧密关联的。以哈特为代表的纽黑文学派便以政策为中心来对法律进行考察，通过运用阶段、价值、结构分析等方法，并关注政策制定过程，得出法律就是政策的结论。当今社会的紧迫需要是把法律作为一种政策工具予以有意识地、从容、谨慎地运用。[①]与此不同的是，德沃金则持相反观点，其对规则、原则、政策进行了详细的区分，认为法不仅包含规则，还包括非法律规则的准则，特别是原则和政策，它们也是法律的重要组成成分。德沃金提出了"规则—原则—政策"的法律构成模式。笔者认为，政策的出台和变革已经在一定程度上成为立法的驱动力。

对政府和社会资本合作法律与政策的审视包括两个方面，从政策的角度审视法律如何顺利实现政府和社会资本合作的目标，从法律的视角审视政策是否适合或有必要转换为法律。从政策视角来审视，各个部门所追求的政策目标各不一致，之间甚至可能会相互矛盾。财政部的目的在于防范风险，要求政府和社会资本合作项目必须要经过财政承受能力和物有所值评估，关注的是政府和社会资本合作项目的质量，而发改委是为了实现经济增长的目标，重点关注政府和社会资本合作项目的数量和进度。立法时必须要在价值追求

---

① 鲁鹏宇：《法政策学初探——以行政法为参照系》，《法商研究》2012 年第 4 期，第 111—118 页。

的前提下对政策进行鉴别。主要原因还是在于中央在经济压力下，把政府和社会资本合作当作经济增长的"发动机"，而地方政府由于层级较多、协调难度大，导致政府和社会资本合作在地方无法发热。从内容上看，作为主要制定主体的发改委和财政部的政府和社会资本合作政策和规范性法律文件的重心不同。发改委致力于特许经营，而财政部重心在于将政府和社会资本合作纳入政府采购范畴，强调其物有所值评价，强化地方债务控制，防范财政风险。

从法律的视角来审视政府和社会资本合作政策，主要探讨其合法性与正当性。从合法性角度看，尽管各种政府和社会资本合作政策包含着众多创新性举措，如税收优惠、财政补贴等，但这些政策是否真正符合税法、预算法等法律规范还有待进一步推敲。实践中存在部分政府和社会资本合作政策没有现行法律依据、与现行法律相冲突、超越部门权限、违反法律保留原则的问题，因而相关政策原则上应当通过修改法律或经过民主公开的立法程序使其获得合法性。从正当性角度看，政府和社会资本合作模式是国家治理体系和治理能力现代化的制度创新，是政府职能的重大改革。然而政府和社会资本合作模式并不是万能的，其无法承担起经济、政治、社会变革的全部重担。实践中的一些政府和社会资本合作政策具有极强的功利性特征，借助制度创新的外衣，从事违规的融资交易，这部分政策已然偏离政府和社会资本合作模式的基本特征和运作要求。

（三）现行政府和社会资本合作立法的矛盾与冲突

1. 立法层级及效力较低、缺乏顶层设计

我国现行立法对政府和社会资本合作的规制还存在许多不足与空白之处，对政府和社会资本合作合同相关问题的法律规制更是一直缺乏效力较高的立法。仅有《行政协议司法解释》对政府和社会资本合作合同的法律属性和相关纠纷的解决在一定程度上作出了规定，除此之外，对政府和社会资本合作合同的规定散见于国务院的规范性法律文件、各部委的规章及规范性法律文件之中；而在各部委层面上，财政部和国家发改委分别主导的不同立法

倾向，在对政府和社会资本合作合同的法律属性认定上又存在较大分歧，两部门缺乏协调，对政府和社会资本合作合同相关问题的规定往往相左。从总体上看，我国对政府和社会资本合作合同的规定一直以来缺乏顶层设计，没有一部国家级层面的人大立法，而现有的立法效力层级较低，各部门之间的立法更是紊乱无序。

2.《行政协议司法解释》的自我矛盾

尽管《行政协议司法解释》具有一定的值得肯定之处，但无论是从学理上还是实践中，抑或是法律解释的方法论上，都存在诸多矛盾。

首先，将政府和社会资本合作合同解释为行政协议已超出程序法的范畴。《行政协议司法解释》的解释对象为《中华人民共和国行政诉讼法》（以下简称《行政诉讼法》），从地位上看，《行政协议司法解释》与《行政诉讼法》均属于程序法，行政协议司法解释的主要作用为细化行政协议相关纠纷的争诉程序，明确法律适用和程序选择。然而，将政府和社会资本合作合同解释为行政协议已属于实体的范畴，更何况目前学界对政府和社会资本合作合同的性质仍存在着极大的争议。

其次，在合理性方面，从该司法解释第一条对行政协议的概念解释看，行政协议包括三个构成要素：主体要素，协议主体分别为行政机关与公民、法人或其他组织；目的要素，实现行政管理或公共服务的目标；内容要素，具有行政法上的权利义务。事实上，无论从哪个要素上，政府和社会资本合作合同都不满足行政协议构成要件。这是因为，第一，政府在不同的法律关系中地位不同，政府方既有可能是机关法人，也有可能是行政机关；在政府和社会资本合作合同中，政府方更接近于机关法人的主体身份。第二，行政管理或公共服务的目标过于宽泛，不宜作为认定行政协议的要素之一。行政管理或公共服务的内涵极其宽泛，几乎等同于公共利益，而公共利益同样是一个内涵极为宽泛的概念。因此行政管理或公共服务的目标很难作为一个清晰、明确的标准来认定行政协议。第三，行政法上的权利义务同样是一个很宽泛的概念，既包括行政主体与行政相对人之间的权利义务，又包括行政救济、行政监督等。事实上，只要订立的合同有行政机关参与，便很难排除行政法上权利义务的存在。整体上，学界无论是对行政协议的范围还是对政府和社会资本合作合同法律属性都存在极大的争议，在这些争议尚未解决的情况下将政府和社会资本合作合同认定为行政协议显然不具有充分的说服力。

3.《行政协议司法解释》与其他法律的矛盾冲突

《民法典》及《政府采购法》都在一定程度上对政府和社会资本合作合同作了规定，而实际上《行政协议司法解释》对政府和社会资本合作合同的规定与《民法典》和《政府采购法》存在极大的矛盾。首先，《民法典》第四百九十四条规定了主体在抢险、救灾、防疫等情况下的强制缔约义务，从立法背景上看，该条规定主要用于抢险、救灾、防疫、国防军工建设、重点建设和国家战略储备等领域，当然这本身是否能够关联到政府和社会资本合作还有待商榷，但发生特殊情形时要求主体在国家下达国家性任务、指令性任务等非市场经济行为时，必须强制作出要约或承诺行为。该条法律规定实际上便是肯定了行政机关为实现行政管理或公共服务目标时实施非市场经济行为而订立的相关合同为民商事合同。

其次，无论是法规规定抑或是实践做法，对于政府和社会资本合作的采购活动都适用《政府采购法》。不可否认的是，政府和社会资本合作合同等同于政府采购合同。而《政府采购法》第四十三条第一款则已明确规定了政府采购合同适用《民法典》"合同编"。尽管《政府采购法》并未明确规定政府采购合同属于民商事合同，但从政府采购合同适用于《民法典》"合同编"的规定上便可以看出，政府和社会资本合作合同属于民商事合同。

二、政府和社会资本合作合同民商事属性的核心趋向

将政府和社会资本合作合同定性为行政合同与我国的政府和社会资本合作实践相偏离，也是许多政府和社会资本合作项目出现"前期势好、中后排异、后期烂尾"的根本原因。主张政府和社会资本合作合同为行政合同的观点在

一定程度上是对属性反思的跃进，但这样的反思并未触及政府和社会资本合作的灵魂，没有探及政府和社会资本合作模式的出发点和性质的根本。"行政权力天然的扩张性和民事关系天然的逐利性之间的矛盾，在作用对象性质无法确定的情况下，是根本无法解决相互冲突问题的。"[①]

笔者认为，进行以民商事合同为导向的政府和社会资本合作立法，既是对市场交易内在规律的满足，也将激发社会资本方热情而大规模地参与政府和社会资本合作。更为重要的是，进行以民事属性为导向的政府和社会资本合作立法才能契合政府和社会资本合作合同的本质属性。在签订政府和社会资本合作合同之前，尽管政府方实施一项政府和社会资本合作项目需要经过众多的前置性程序例如审批等，但从这些前置性程序的内容来看，主要都是一些项目识别的审批、模式选择的审批和具体实施方案的审批。在这个阶段中，因为尚未有社会资本方的参与，政府实施的行政行为并不会对社会资本方产生任何实质性的影响。这些审批得到通过的结果只是为后续签订政府和社会资本合作合同提供合法性的项目支撑，为政府与社会资本在整个政府和社会资本合作过程之中的权利与义务、风险分担、收益分配等提供合法性的依据；而且，这些前置性程序只会对政府和社会资本合作合同的成立、生效与否产生影响，并不会对政府和社会资本合作合同的内容产生影响，更不会涉及合同本身的性质问题。其次，在政府和社会资本合作合同的签订过程中，政府方和社会资本方均享有充分的意思自治，而政府和社会资本合作合同本身就是政府与社会资本方协商一致的意思表示。政府方与社会资本方的意思自治主要表现为是否签订政府和社会资本合作合同的自由以及就合同内容中关于权利义务关系、风险分担、利益分配等核心条款进行充分协商的自由。对于前者，在政府和社会资本合作合同签订前的阶段属于政府方与社会资本方双向选择的阶段，这个阶段通常借助于招投标进行，政府方根据前置性程序中确定的政府和社会资本合作项目发布邀标，社会资本方在经过对各方面

[①] 李声高：《我国 PPP 模式的性质存疑及进路探析——基于程序治理的思维》，《黑龙江省政法管理干部学院学报》2018 年第 3 期，第 72—76 页、第 97 页。

的评估后向政府递交的回应文件实际便是社会资本方意思自治的体现，表示其愿意与政府方进行政府和社会资本合作并就政府和社会资本合作合同内容进行协商。政府方在评标阶段，需要对各投标方进行资质和价格等因素的全方位评估，而后选择最优的投标人作为项目合作方并向其发送中标通知书，此过程实际也是政府方意思自治的体现，评标与投标分别代表着政府与社会资本方在综合考虑各种因素后进行的双向选择。对于后者，社会资本方中标后会与政府方就政府和社会资本合作合同内容进行充分的协商，而后签订政府和社会资本合作合同，而协商内容包括项目设计、融资、建设、运营和移交，监督与管理，风险负担和费用支付等权利义务关系。此过程中，政府方会与社会资本方进行充分的谈判从而达成合作共识，因此也体现了双方的意思自治。

在整个政府和社会资本合作合同中，政府的身份是机关法人，而社会资本方的身份则是商主体。首先，对于政府方来说，其是整个政府和社会资本合作项目的发起者，是公共产品（或服务）的安排者，其机关法人身份主要表现在三个方面：一是需要受到政府和社会资本合作合同的约束，不享有超越政府和社会资本合作合同的特权，政府方实施违反政府和社会资本合作合同约定的行为需要承担对应的违约责任，包括停止违约行为、赔偿损失等。二是政府方对社会资本方的监督行为是基于政府和社会资本合作合同的约定，并非在行使行政优益权。法律并未明确赋予政府方对任何政府和社会资本合作合同的相对方都享有监督的职权，也未明确规定政府方有权对社会资本方的内部治理进行监督。在法律并未明确规定的情况下，笼统地在政府和社会资本合作合同中赋予政府方的行政优益权属于对政府行政职权的臆想，既不满足法律优先这一行政法原则，也不符合实际需求。三是政府和社会资本合作合同只是政府承担提供公共服务这一行政职能的手段。其次，对于社会资本方来说，其在政府和社会资本合作合同中的商主体身份体现在三个方面：一是社会资本方符合商主体的组织形式，其在政府和社会资本合作合同中享有项目经营权、回报收益权、组织形式决定权以及依法破产的权利等商事权利，需要承担维护交易安全、遵守安全经营规范、披露重大事项等商事义务。二是私人合作伙伴进入项目并非出于善意和慈善，而是出于利润，以获取利润为目的取向，其参与政府和社会资本合作项目最直接的目的便是通过建设和运营来获取回报，该回报主要表现为报酬等经济收益，政府和社会资本合作项目的营利能力直接影响社会资本方的参与意向。三是社会资本方作为政府和社会资本合作合同的主体之一，能够保持自身经营的独立性，意思自治不受行政主体的强力干扰。从社会资本方的商主体身份和政府方的机关法人身份可知，二者都属于民事主体，[①]在政府和社会资本合作合同中处于平等地位。

政府方在整个政府和社会资本合作中充当着"运动员"和"裁判员"的双重角色，作为政府和社会资本合作的监督者与政府和社会资本合作的合同主体，其在政府和社会资本合作合同中的权利义务极容易被误以为是行政上的权利义务。总体上，政府方在政府和社会资本合作合同中除享有监督权以外，通常还享有对社会资本方进行审计和绩效考核、在社会资本方违约前提下要求其消除违约、要求社会资本方提供相应的担保等诸多权利，同时，还需要承担协助相关项目审批、协调水电等公用基础设施、不随意干预社会资本方经营管理、维护社会资本方的合法经营权、依据合同约定向社会资本支付费用或补贴的义务。从政府方享有的权利本身来看，相关研究表明少有法律明确赋予政府方的上述职权。总体上，政府方享有的上述权利和承担的上述义务几乎全部来自双方合意性的契约约定，约定的权利义务的比例远高于法定的权利义务。在社会资本方的权利、义务方面，其基于政府和社会资本合作合同享有的权利主要包括自主建设经营权、取得报酬权和损害赔偿权。社会资本方通过签订政府和社会资本合作合同获得政府和社会资本合作项目的建设经营权，基于双方约定，政府方不得随意插手干预社会资本方的自主经营。社会资本方参与政府和社会资本合作的目的就是通过建设和运营获取

---

①PODHRASKI D. "Real Options in Public Private Partnerships". European Procurement&Public Private Partnership Law Review，2014(3)，pp. 164-173.

回报，故而其享有通过建设和运营项目，获得运营收入、政府付费或政府补贴的权利。同时，政府方基于固有思维，时常对社会资本的建设和运营进行违法及违约干预，可能会不可避免地对社会资本方合法权益造成侵害，故社会资本还享有向政府方主张损害赔偿的权利。另外，社会资本方由于承担了项目的建设和运营等，为避免社会资本方的趋利行为对公共利益造成损害，需要承担依法依约建设及经营、接受政府方的审计等监督义务。从社会资本方的角度看，其自身的权利与义务是相适应的。对于社会资本方而言，其不仅享有约定的项目建设经营权，还享有根据约定拥有的项目设施有限产权，并依据政府和社会资本合作合同约定获取回报；相应地，承担按政府和社会资本合作合同约定提供符合质量标准的产品或服务的义务。对于政府方而言，尽管其有权对项目进行监督检查，但实施监督检查行为必须要以不干预正常运营为前提。同时，当社会资本方的行为可能潜在或已经给公共利益造成损害时，政府终止政府和社会资本合作合同，也必须依据政府和社会资本合作合同约定。因此，不论是从政府与社会资本自身的权利义务看，还是从政府与社会资本相互间的权利义务关系看，均表现出权利与义务的基本对等。

从政府和社会资本合作合同行为来看，政府和社会资本合作合同行为的私法属性明显高于公法属性。首先，就政府方的行为来看，其基于政府和社会资本合作合同实施的合同履行行为，如对社会资本方进行的监督行为、解除政府和社会资本合作合同的行为、变更政府和社会资本合作合同的行为，这些行为的实施均以政府和社会资本合作合同的约定为前提，凡政府方实施上述行为超出政府和社会资本合作合同的约定均需要承担一定的违约后果。其次，就社会资本方的行为来看，其实施行为的营利目的、其意思表示行为本质、适用外观主体解释规则等特性决定了社会资本方的行为在本质上属于商行为。从政府方与社会资本方双方在政府和社会资本合作合同履行过程中实施的一系列行为可以看出，政府和社会资本合作合同行为的本质是合作共赢，是风险共担、利益共享的合作行为，属于私法行为。

尽管政府和社会资本合作合同具有一定的公益性，但是社会资本方根据政府和社会资本合作合同的约定提供公共产品或服务，并不意味着无偿；相反，由于政府方存在经验、资金不足等缺陷，由政府方自身提供这些产品或服务的代价太大、成本太高，由社会资本方进行提供更加物有所值。社会资本方都是市场主体，其投资政府和社会资本合作项目并签订政府和社会资本合作合同的目的是希冀通过进行资金和技术管理的投入以实现合理的回报，基于此，赋予政府和社会资本合作合同以民事属性，是市场交易的必然要求；否则，将难以被市场所接受和认同。过分地强调政府和社会资本合作合同的行政属性或者公共利益目的，将使得政府方与社会资本方之间的利益失衡，导致政府方行政权力过大而压制社会资本方的自主性，也有悖中央大力推广运用政府和社会资本合作模式的初衷。受官本位思想的遗毒影响，政府部门往往利用手中职权，在与社会资本方的合作过程中作出变更政策、不履行政府和社会资本合作合同约定的行为，造成双方权利义务的不平等。特别是在政府和社会资本合作合同履行中，政府方的违约往往不是出于公共利益的考虑，而是出于自身过错。尽管《行政协议司法解释》对符合条件的政府和社会资本合作合同采用行政诉讼解决争议，但行政争议解决方式偏向于程序的合法性，忽略了实力层面的合理性，极易造成政府方以维护公共利益为借口，凭借手中权力，影响判决的公正性。

因此，政府和社会资本合作发展过程中应更加强调政府和社会资本平等的民事主体地位，强调通过协商、民事诉讼或者仲裁的方式解决政府和社会资本合作合同纠纷，才能更好地维护社会资本一方的合法权益，促使政府转变传统思维方式，实现政府和社会资本合作合同各参与方的合作共赢。同时，将政府和社会资本合作合同界定为民商事合同，也更加符合社会资本的诉求，有利于政府和社会资本合作模式的发展。

三、政府和社会资本合作立法的趋向考量

（一）选定符合国情的立法模式

要想改善政府和社会资本合作立法模式、提高立法效率，是否将政府和社会资本合作与特许经营单独进行立法、是否选择统一的立法模式、是否直接将政府和社会资本合作立法纳入政府采购体系，决定了我国政府和社会资本合作不同模式之间的制度衔接等问题。[①]在各个国家中政府和社会资本合作的立法模式主要分为两种：一是统一的政府和社会资本合作立法；二为建立法规政策指南。前者由国家行政机关或者立法机关对各种类型的政府和社会资本合作进行全面、统筹立法；后者常见于英国、美国等欧美国家，依据不同地区、不同类型的政府和社会资本合作项目，出台不同的政策进行指导和规范，设立专业性管理机构对政府和社会资本合作的政策进行权威、全面的解释，为推广和实施政府和社会资本合作模式提供理论上的指导和政策上的支持。以上两种模式虽存在明显不同，但都是各国建立在本国的实际情况基础之上，对不同的政府和社会资本合作立法模式进行充分的研讨，并在实践基础上的创新与升华。我国在政府和社会资本合作立法过程中，必须要把政府和社会资本合作发展现状与法律体系现状紧密结合、综合考虑，选择符合我国国情、更能促进政府和社会资本合作发展、体现我国社会主义特色的立法模式。[②]

（二）整合规则体系，减少规范冲突

在现行的法律和制度框架内，我国的政府和社会资本合作规范性法律文件存在诸多矛盾之处。一方面，由于政府和社会资本合作主要适用于基础设施和各个领域，涉及众多的主管机关和部门，而不同的部门和主管机关因为

[①] 廖振中、高晋康、Hao Ruili：《中国 PPP 特别立法的重构研究》，*China Legal Science* 2019 年第 3 期，第 3—32 页。

[②] 鲁鹏宇：《法政策学初探——以行政法为参照系》，《法商研究》2012 年第 4 期，第 111—118 页。

利益的博弈和对主导权的争夺，导致各部门对政府和社会资本合作在不同领域、不同时期产生了不同的理解。同时，由于政府和社会资本合作模式引发了公共领域革命性的变革，政府和社会资本合作模式促进了经济的可持续发展、提升了国家治理能力，不仅包括政府职能、治理方式，还涉及公共资源的配置和公共服务，而不同的规范对政府和社会资本合作模式的表述却存在诸多不同。从国外立法研究及实践来看，凡是改革和创新必然导致原有法秩序的突破以及新法秩序的建立[①]，政府和社会资本合作立法应当统筹处理好这种破与立的关系，以及由此引发的制度、政策矛盾与法律法规间的冲突和衔接问题，既要厘清新法秩序与原法秩序的衔接，也要摒弃现行法对政府和社会资本合作的不适应性，明确政府和社会资本合作立法与现行法的相互关系，以及相关的法律概念、法律规范等。

（三）政府和社会资本合作与特许经营的博弈

回归到政府和社会资本合作与特许经营立法议题上，理论界有观点认为，发改委与财政部主张不同的立法模式，根本原因在于不同部门在立法中争权所致。此观点将立法领域的争论焦点转移至行政领域，而未考虑两部门主张不同立法模式的底层逻辑。我国自20世纪80年代起即通过特许经营方式开展政府和社会资本合作实践，有关制度建设也主要以特许经营命名，沿用这一名称更易被社会各方接受。政府和社会资本合作立法是当前国际上在公私合作领域普遍采用的立法模式，虽大多数国家采用的是政府和社会资本合作立法模式，但仍有部分国家采用的是特许经营立法模式，如法国。虽当前法国的新近立法因受欧盟影响而向以政府和社会资本合作为名的立法模式靠近，但法国政府和社会资本合作制度体系的内核仍为特许经营制度。我国在提出政府和社会资本合作立法模式前，长期以来采用的也是特许经营模式，包括在政府和社会资本合作立法模式出现之后，鉴于我国实务界长期以来默认政府和社会资本合作项目即特许经营项目，对二者未作严格区分，因此我

[①] 陈婉玲：《PPP长期合同困境及立法救济》，《现代法学》2018年第6期，第79—94页。

国存在大量项目将政府和社会资本合作与特许经营概念混用的现象。对于我国政府和社会资本合作、特许经营立法议题而言，应时刻把握伙伴关系是具有共同或兼容任务的实体之间的一种联系，且这些实体已决定了其在特定时期为特定目的合作①的本质，结合历史与发展趋势，构建一套既与现存法律体系相协调、又能获得业界普遍认同的制度体系十分有必要。

（四）立法的制度安排应当体现政府管理权的谦让

随着市场经济的发展，政府的角色已经逐渐由计划管制者向服务者转变，由完全理性政府向有限理性政府转变。政府职能和公共行政需要以合作为基础，既强调政府的服务性本质，又强化对公民权利的保护。传统型的政府对公共产品和服务的供给和管控实行垄断经营的政策，对所有领域往往无所不包。但是，政府和社会资本合作是政府公共管理领域内的重大变革，在政府和社会资本合作法律制度中，政府对于公共产品和服务的管控应当适当地向市场化谦让，减少行政因素的参与，大力促进政府和社会资本合作朝着民事、市场化的方向发展。这就要求在立法时引入公共私有主体的参与，切实保障社会资本合法利益，保障其合理诉求能够得到制度化的回应。

包容性可持续发展依赖于良好的法治环境，取决于政府有意发展的经济模式类型。政府和社会资本合作的发展需要有适当的、牢固的根植于国家法律结构的立法给予支持。这不仅与法律行为有关，而且与所有的程序和管理规则相关。需要建立政府和社会资本之间的长效对话机制，为双方实现有效的合作奠定基础。我国政府和社会资本合作模式制度化的形成最终要依赖强有力的法律法规，规范合作主体的行为，明确监管职权，理顺部门职能交叉问题，倡导契约精神，使各方利益得到保障。同时，法律必须做到完整有力、有针对性、一以贯之。我国政府和社会资本合作实践大幕的开启，需要制定相对完善的法律法规以保驾护航。对于政府和社会资本合作的基础性立法，首先应明确立法目的，倡导双方合作应遵守契约精神，同时指引违背承诺和

---

①JIDOVU A. "The Role of Public Private Partnership in Community Development". Revista Universitara de Sociologie, 2019（2）, pp.194-203.

契约的不利法律后果，分别从政府和社会资本的角度出发，界定不同合作主体的职责和行为规范，特别是政府行为准则。如果说基础性法律是原则性规定，那么具体法律法规细则的完善则是对操作程序和规则的定量，将最大限度地减少合作过程中的不确定性，增强各方合作预期，令行禁止，将契约精神落实到每一个层面和细节。

结　语

　　政府在与社会资本的合作过程中扮演着市场交易主体的角色，政府和社会资本合作合同体现着政府与社会资本的交易成果，政府和社会资本合作的理论依据、主体权利义务、政府和社会资本合作行为以及政府和社会资本合作合同内容均体现出很强的私法属性和市场特征，政府和社会资本合作合同的本质属性是民商事合同。政府和社会资本合作是基础设施建设和公共服务供给的重要手段，完善、有效的政府和社会资本合作法律制度是合理化解风险、提高项目运作效率的重要保障；但是近年来，对政府和社会资本合作合同法律属性的巨大争议已经严重阻碍了整个政府和社会资本合作的发展，唯有明确政府和社会资本合作合同法律属性方能在根本上解决政府和社会资本合作遇冷问题。将政府和社会资本合作合同定性为民商事合同或行政合同将使政府和社会资本合作朝着两个完全不同的方向前进，因此如何进行制度设计将直接影响政府和社会资本合作的发展方向。对政府和社会资本合作合同法律属性认定的偏颇，阻碍了政府和社会资本合作模式在我国的发展，解决该困境需要探索出中国式的政府和社会资本合作模式新思路，更清晰地看待和把握政府和社会资本合作的合作伙伴关系的内在精髓。如果把这场伙伴关系形容成婚姻，并上升至法律保护的范畴，那么就应该贯彻一种理念，即我国的政府和社会资本合作是以产权保护为基础、以权利平等保护为关键、以意思自治为核心的合同导向。透彻地认清政府和社会资本合作合同中所谓的行政因素，其并非贯穿于整个合作过程，而只存在于某个或多个阶段之中。

我国政府和社会资本合作权力失衡一个十分重要的原因，便是缺乏完善的法律法规体系。该原因也是导致社会资本在政府和社会资本合作项目中往往无法履行应有职责的重要因素之一。[①] 要切实保障政府和社会资本合作有效地持续发展，就需要摒弃强职权主义法治模式现状。构建政府和社会资本合作法律体系，需要以民事规范作为规制政府和社会资本合作的轴心法律规范。在民事法律和行政法律对相同问题都作出规定之时，优先适用民事法律。只有在运用民事法律难以规制或者政府和社会资本合作合同面临无法履行的风险时，才能引入行政法律对整个项目进行监督或救济。民商法以平等为基本原则之一，应当建立政府和社会资本的双向监督机制，促进双向平衡。对政府和社会资本合作合同属性进行革新，应当借助民商法上的平等和意思自治原则对现行的单向监督机制进行调整，建立以平等为原则相互制约的监督体系，确定政府和社会资本平等的法律地位。通过双向监督机制，一方面促使私权主体监督公权主体，以防其滥用和肆意扩张行政公权；另一方面让公权主体监督私权主体，以使其遵纪守法地参与政府和社会资本合作项目的建设和运营。一项制度的设计既要无限接近事务本质，又要契合时代发展需求，希望通过理论联系实践的多维度考察，对整个政府和社会资本合作法律制度的上层设计提供一点参考，从而更好地推动政府和社会资本合作事业的有序健康发展。

---

① 李声高：《我国 PPP 模式的性质存疑及进路探析——基于程序治理的思维》，《黑龙江省政法管理干部学院学报》2018 年第 3 期，第 72—76 页、第 97 页。

参考文献

［1］梁慧星.民法学说判例与立法研究（二）［M］.北京：国家行政学院出版社，1999.

［2］张维迎.博弈论与信息经济学［M］.上海：上海三联书店、上海人民出版社，1997.

［3］石元康.当代西方自由主义理论［M］.上海：上海三联书店，2000.

［4］余晖，秦虹.公司合作制的中国实验［M］.上海：上海人民出版社，2005.

［5］陈振明.公共管理学［M］.北京：中国人民出版社，2005.

［6］余凌云.行政契约论［M］.北京：中国人民大学出版社，2006.

［7］余凌云.全球时代下的行政契约［M］.北京：清华大学出版社，2010.

［8］赵中孚.商法总论［M］.北京：中国人民大学出版社，2007.

［9］王保树.商法总论［M］.北京：清华大学出版社，2007.

［10］范健，王健文.商法的价值、渊源及本体［M］.2版.北京：中国人民大学出版社，2007.

［11］范健，王建文.商法学［M］.5版.北京：法律出版社，2021.

［12］于立深.契约方法论：以公法哲学为背景的思考［M］.北京：北

京大学出版社，2007.

［13］杨召南．海上保险法［M］．北京：法律出版社，2009.

［14］杨解君．法国行政合同［M］．北京：复旦大学出版社，2009.

［15］郭晓霞．商行为与商主体制度研究［M］．北京：中国人民公安大学出版社，2010.

［16］杨解君．中国行政法的变革之道［M］．北京：清华大学出版社，2011.

［17］步兵．行政契约履行研究［M］．北京：法律出版社，2011.

［18］詹镇荣．民营化法与管制革新［M］．台北：元照出版有限公司，2005.

［19］陈铭祥．法政策学［M］．台北：元照公司有限公司，2011.

［20］黎民．公共管理学［M］．北京：高等教育出版社，2011.

［21］陈自强．整合中之契约法［M］．北京：北京大学出版社，2012.

［22］王乐夫，蔡立辉．公共管理学［M］．北京：中国人民大学出版社，2012.

［23］李以所．德国公私合作制促进法研究［M］．北京：中国民主法制出版社，2013.

［24］赵万一．公司·商人·经济人［M］．北京：法律出版社，2013.

［25］王泽鉴．债法原理［M］．北京：北京大学出版社，2013.

［26］丁南．民法理念与信赖保护［M］．北京：中国政法大学出版社，2013.

［27］陈卫佐．德国民法典［M］．北京：法律出版社，2014.

［28］刘承韪．英美契约法的变迁与发展［M］．北京：北京大学出版社，2014.

［29］崔建远．合同法学［M］．北京：法律出版社，2014.

［30］王利明．合同法研究［M］．北京：中国人民大学出版社，2015.

［31］韩世远．民法的解释论与立法论［M］．北京：法律出版社，2015.

［32］李霞.行政合同研究［M］.北京：社会科学文献出版社，2015.

［33］胡宝岭.行政合同争议司法审查研究［M］.北京：中国政法大学出版社，2015.

［34］顾功耘.公私合作（PPP）的法律调整与制度保障［M］.北京：北京大学出版社，2016.

［35］李国正.公共管理学［M］.桂林：广西师范大学出版社，2016.

［36］郑秀丽.行政合同过程研究［M］.北京：法律出版社，2016.

［37］龙俊.民法中的意思自治与信赖保护［M］.北京：中国政法大学出版社，2016.

［38］蒲坚，孙辉，车耳，等.PPP的中国逻辑［M］.北京：中信出版社，2016.

［39］陈铭聪.公私合作模式相关法律问题研究［M］.厦门：厦门大学出版社，2017.

［40］陈婉玲.政府与社会资本合作（PPP）模式立法研究［M］.北京：法律出版社，2017.

［41］陈婉玲，汤玉枢.政府和社会资本合作模式立法研究［M］.北京：法律出版社，2017.

［42］李欣，陈新平，于雯杰，等.国外PPP法律文本解析［M］.北京：中国财政经济出版社，2017.

［43］孙淘.法国PPP的立法与实践［M］.北京：中国政法大学出版社，2017.

［44］王利明.法律解释学导论［M］.北京：法律出版社，2017.

［45］王利明.民法［M］.北京：中国人民大学出版社，2020.

［46］高富平.我国私法规则的形成［M］.北京：法律出版社，2017.

［47］周佑勇.行政法原论［M］.北京：北京大学出版社，2018.

［48］李丽娜，姜瑞枫，李林，等.PPP项目财税策划与操作实务［M］.南京：江苏凤凰科学技术出版社，2018.

［49］王天义，杨斌.日本政府和社会资本合作（PPP）研究［M］.北京：清华大学出版社，2018.

［50］章剑生.现代行政法总论［M］.北京：法律出版社，2019.

［51］崔建远.合同解释论：规范、学说与案例的交互思考［M］.北京：中国人民大学出版社，2020.

［52］梁凤云.行政协议司法解释讲义［M］.北京：人民法院出版社，2020.

［53］梁上上.利益衡量论［M］.3版.北京：北京大学出版社，2021.

［54］詹姆斯·布坎南.自由、市场和国家［M］.吴良健，等，译.北京：北京经济学院出版社，1988.

［55］尼古拉斯·亨利.公共行政与公共事务［M］.张昕，等，译.北京：中国人民大学出版社，2002.

［56］珍妮特·V.登哈特，罗伯特·B.登哈特.新公共服务：服务，而不是掌舵［M］.丁煌，译.北京：中国人民大学出版社，2004.

［57］安东尼·唐斯.民主的经济理论［M］.姚洋，邢予青，赖平耀，译.上海：上海人民出版社，2005.

［58］弗里曼.合作治理与新行政法［M］.毕红海，陈标冲，译.北京：商务印书馆，2010.

［59］托马斯·R.戴伊.理解公共政策［M］.谢明，译.北京：中国人民大学出版社，2011.

［60］史普博.美国公用事业的竞争转型［M］.宋华彬，等，译.上海：上海人民出版社，2012.

［61］艾斯纳.规制政治的转轨［M］.尹灿，译.北京：中国人民大学出版社，2014.

［62］戴维斯.社会责任［M］.杨明，译.北京：中国人民大学出版社，2015.

［63］E.S.萨瓦斯.民营化与PPP模式：推动政府和社会资本合作［M］.

周志忍，等，译．北京：中国人民大学出版社，2015.

［64］科林·斯科特．规制、治理与法律［M］．安永康，译．北京：清华大学出版社，2018.

［65］简·莱恩．新公共管理［M］．赵成根，等，译．北京：中国青年出版社，2004.

［66］柯林斯．规制合同［M］．郭小莉，译．北京：中国人民大学出版社，2014.

［67］麦克·费恩塔克．规制中的公共利益［M］．戴昕，译．北京：中国人民大学出版社，2014.

［68］达霖·格里姆赛，莫文·K.刘易斯.PPP革命：公共服务中的政府和社会资本合作［M］．济邦咨询公司，译．北京：中国人民大学出版社，2016.

［69］道恩·奥利弗．共同价值与公私划分［M］．时磊，译．北京：中国人民大学出版社，2017.

［70］奥托·迈耶．德国行政法［M］．刘飞，译．北京：商务印书馆，2013.

［71］马克斯·卡泽尔，罗尔夫·克努特尔．罗马私法［M］.田士永，译．北京：法律出版社，2018.

［72］拉德布鲁赫．法学导论［M］．米健，译．北京：商务印书馆，2013.

［73］古斯塔夫·佩泽尔．法国行政法［M］．廖坤明，周洁，译．北京：国家行政学院出版社，2002.

［74］狄骥.公法的变迁［M］．郑戈，译．北京：商务印书馆，2012.

［75］内田贵．契约的再生［M］．胡宝海，译．北京：中国法制出版社，2005.

［76］近藤光男．日本商法总则·商行为法［M］．梁爽，译．北京：法律出版社，2018.

［77］费方域.经理行为、代理成本与所有权结构：詹森和梅克林的企业理论评介［J］.外国经济与管理，1995（10）：31–34，19.

［78］吕世伦，郑国生.“从身份到契约”公式引发的法律思考［J］.中外法学，1996（4）：8–11.

［79］孙笑侠.契约下的行政：从行政合同本质到现代行政法功能的再解释［J］.比较法研究，1997（3）：96–101.

［80］戚建刚，李学尧.行政合同的特权与法律控制 [J]. 法商研究 – 中南政法学院学报，1998（2）：64–69.

［81］Daniel J.Mitterhoff. 建构政府合同制度——以美国模式为例［J］.杨伟东，刘秀华，译.行政法学研究，2000（4）：87–97,77.

［82］湛中乐，杨君佐.政府采购基本法律问题研究（上）［J］.法制与社会发展，2001（3）：19–30.

［83］湛中乐，刘书燃.PPP协议中的公私法律关系及其制度抉择［J］.法治研究，2007（4）：3–11.

［84］湛中乐，刘书燃.PPP协议中的法律问题辨析［J］.法学，2007（3）：61–70.

［85］史际春，肖竹.公用事业民营化及其相关法律问题研究［J］.北京大学学报（哲学社会科学版），2004（4）：79–87.

［86］黄小勇.新公共管理理论及其借鉴意义［J］.中共中央党校学报，2004（3）：60–63.

［87］莫于川.行政职权的行政法解析及构建［J］.社会科学，2004（1）：74–81.

［88］邢鸿飞.特许经营协议的行政性［J］.中国法学，2004（6）：56–63.

［89］易志坚，汪晓林，王丛虎.政府购买公共服务的几个基本概念界定［J］.中国政府采购，2014（4）：23–25.

［90］张千帆.“公共利益”的构成、对行政法的目标以及“平衡”的

意义之探讨［J］.比较法研究，2005（5）：5-18.

［91］刘雨佳.西方国家政府购买公共服务的历史发展及对我国的启示［J］.经济研究导刊，2006（7）：183-184.

［92］庞永红.委托代理理论的伦理考量［J］.苏州科技学院学报，2006（23）：46-51.

［93］刘有贵，蒋年云.委托代理理论评述［J］.学术界，2006（1）：69-78.

［94］朱新才.保险近因原则初探［J］.上海保险，2006（2）：37-39.

［95］杨小君.契约对行政职权法定原则的影响及其正当规则［J］.中国法学，2007（5）：74-84.

［96］胡启忠.西方现代契约正义理论产生的理论基础［J］.财经科学，2007（1）：67-74.

［97］杨雁泽.商法公法化属性的法理辨析［J］.河南公安高等专科学校学报，2007（2）：56-59.

［98］孙秀伟.刍议商行为［J］.北京城市学院学报，2008（6）：100-103.

［99］江嘉琪.行政契约法律关系的进展［J］.月旦法学教室，2008（63）：30-42.

［100］朱庆育.法律行为概念疏证［J］.中外法学，2008（3）：325-372.

［101］戴巍.浅论行政合同的基本原则［J］.中外企业家，2008（1）：171-172.

［102］贾康，孙洁.公私伙伴关系（PPP）的概念、起源、特征与功能［J］.财政研究，2009（10）：2-10.

［103］刘寿明，陆维臣.公共领域中的委托代理理论及其拓展［J］.求索，2009（4）：69-70，40.

［104］骆梅英.通过合同的治理：论公用事业特许契约中的普遍服务条

款［J］.浙江学刊，2010（2）：8.

［105］赵万一，华德波.公司治理问题的法学思考：对中国公司治理法律问题研究的回顾与展望［J］.河北法学，2010（9）：2-21.

［106］张远风，赵丽江.公私伙伴关系：匹兹堡的治理之道［J］.中国行政管理，2011（9）：86-90.

［107］刘承韪.契约法理论的历史嬗迭与现代发展：以英美契约法为核心的考察［J］.中外法学，2011（4）：774-794.

［108］余凌云.英国行政法上合法预期的起源与发展［J］.环球法律评论，2011（4）：118-136.

［109］江必新.中国行政合同法律制度：体系、内容及其构建［J］.中外法学，2012（6）：1159-1175.

［110］王炳文.委托代理理论与国有企业改革［J］.环球市场信息导报（理论），2012（6）：2-4.

［111］朱庆育.私法自治与民法规范凯尔森规范理论的修正性运用［J］.中外法学，2012（3）：462-483.

［112］段绪柱.公私合作制中的政府角色冲突及其消解［J］.行政论坛，2012（4）：42-45.

［113］鲁鹏宇.法政策学初探：以行政法为参照系［J］.法商研究，2012（4）：111-118.

［114］王贵松.民法规范在行政法中的适用［J］.法学家，2012（4）：40-53，177.

［115］潘同人.中国政策性文件的政治学思考［J］.云南社会科学，2012（5）：73-77.

［116］虞青松.公私合作契约的赋权类型及司法救济：以公用事业的收费权为视角［J］.上海交通大学学报，2013（5）：36-43.

［117］李明哲.评英国PFI改革的新成果PF2［J］.技术经济，2013（11）：76-80.

［118］杨解君，陈咏梅.中国大陆行政合同的纠纷解决：现状、问题与路径选择［J］.行政法学研究，2014（1）：：61-68，79.

［119］王爱琴.西方公共选择理论述评［J］.齐鲁学刊，2014（5）：103-106.

［120］陈甦.商法机制中政府与市场的功能定位［J］.中国法学，2014（5）：41-59.

［121］熊丙万.私法的基础：从个人主义走向合作主义［J］.中国法学，2014（3）：138-155.

［122］陈婉玲.公私合作制的源流、价值与政府责任［J］.上海财经大学学报，2014（5）：75-83.

［123］陈婉玲.PPP长期合同困境及立法救济［J］.现代法学，2018（6）：79-94.

［124］张守文.政府与市场关系的法律调整［J］.中国法学，2014（5）：60-74.

［125］张守文.PPP的公共性及其经济法解析［J］.法学，2015（11）：9-16.

［126］王春成.国家治理体系中的政府与社会资本合作［J］.中国财政，2014（22）：47-49.

［127］沈琪.英美刑法中的近因判断及其启示［J］.比较法研究，2014（2）：160-175.

［128］陈红，黄晓玮，郭丹.政府与社会资本合作（PPP）：寻租博弈及监管对策［J］.财政研究，2014（10）：20-24.

［129］王利明.典型合同立法的发展趋势［J］.法制与社会发展，2014（2）：162-171.

［130］王利明.民商合一体例下我国民法典总则的制定［J］.法商研究，2015（4）：3-9.

［131］王利明.论行政协议的范围：兼评《关于审理行政协议案件若干

问题的规定》第 1 条、第 2 条［J］.环球法律评论，2020（1）：5-22.

［132］刘薇.PPP 模式理论阐释及其现实例证［J］.改革，2015（1）：78-89.

［133］胡改蓉.PPP 模式中公私利益的冲突与协调［J］.法学，2015（11）：30-40.

［134］蔡今思.英国 PPP 模式的构建与启示［J］.预算管理与会计，2015（12）：47-51.

［135］陈婉玲.基础设施产业 PPP 模式独立监管研究［J］.上海财经大学学报，2015（6）：47-56.

［136］陈婉玲，曹书.政府与社会资本合作（PPP）模式利益协调机制研究［J］.上海财经大学学报，2017（2）：100-112.

［137］陈婉玲，胡莹莹.我国 PPP 模式的功能异化、根源与解决方案［J］.上海财经大学学报，2020（3）：111-123.

［138］陈天昊.在公共服务与市场竞争之间 法国行政合同制度的起源与流变［J］.中外法学，2015（6）：1641-1676.

［139］常江.美国的政府购买服务制度［J］.中国民政，2015（9）：57-59.

［140］费安玲.论我国民法典编纂活动中的四个关系［J］.法制与社会发展，2015（5）：97-109.

［141］亓同惠.法治中国背景下的"契约式身份"：从理性规制到德性认同［J］.法学家，2015（3）：1-15，176.

［142］王轶.我国民法典编纂应处理好三组关系［J］.中国党政干部论坛，2015（7）：68-70.

［143］李霞.公私合作合同：法律性质与权责配置：以基础设施与公用事业领域为中心［J］.华东政法大学学报，2015（3）：139-146.

［144］李霞.论特许经营合同的法律性质：以公私合作为背景［J］.行政法学研究，2015（1）：22-34.

［145］严益州.德国行政法上的双阶理论［J］.环球法律评论，2015（1）：88-106.

［146］樊千，邱晖.PPP的本质、产生动因及演化发展动力机制［J］.商业研究，2015（5）：137-143.

［147］李玉凤，谭萍.PF2融资模式及在中国的应用前景［J］.理论经济导刊，2015（3）：132-133，142.

［148］邢会强.PPP模式中的政府定位［J］.法学，2015（11）：17-23.

［149］李开孟.PPP模式下政府购买服务的新内涵［J］.中国投资，2015（10）：103-105.

［150］李开孟.正确界定PPP模式中的社会资本主体资格［J］.中国投资，2015（12）：97-99.

［151］付大学.PPP特许经营权：一种混合财产权及其保护规则［J］.法学论坛，2016（6）：103-109.

［152］付大学，林芳竹.论公私合作伙伴关系（PPP）中"私"的范围［J］.江淮论坛，2015（5）：109-113.

［153］李颖轶.论法国行政合同优益权的成因［J］.复旦学报（社会科学版），2015（6）：157-164.

［154］程明修.公私协力法律关系之双阶争讼困境［J］.行政法学研究，2015（1）：9-21，34.

［155］姜军，唐琳.PPP模式下的股权融资模式创新［J］.开发性金融研究，2015（2）：56-61.

［156］陈阵香，陈乃新.PPP特许经营协议的法律性质［J］.法学，2015（11）：24-29.

［157］喻文光.PPP规制中的立法问题研究：基于法政策学的视角［J］.当代法学，2016（2）：77-91.

［158］莫莉.英国PPP/PFI项目融资法律的演进及其对中国的借鉴意义

［J］.国际商务研究，2016（5）：53-64.

［159］王俊豪，金暄暄.PPP模式下政府和民营企业的契约关系及其治理：以中国城市基础设施PPP为例［J］.经济与管理研究，2016（3）：62-68.

［160］赵飞龙.论政府采购的法律性质［J］.行政法学研究，2016（6）：94-108.

［161］李显冬，李彬彬.试论我国PPP法律系统规范的构建［J］.财政科学，2016（1）：125-131.

［162］毕蕾.公共基础设施PPP项目主体间的机会主义及治理［J］.财经问题研究，2016（4）：18-23.

［163］徐琳.法国公私合作(PPP模式)法律问题研究［J］.行政法学研究，2016（3）：116-127.

［164］付金存，王岭.契约视角下城市公用事业公私合作的困境与破解路径［J］.北京理工大学学报（社会科学版），2016（4）：64-70.

［165］和军，樊寒伟.制度能力、产业特性与公私合作(PPP)治理机制［J］.商业研究，2016（7）：1-8.

［166］唐清利.公权与私权共治的法律机制［J］.中国社会科学，2016（11）：111-128，207-208.

［167］罗冠男.意大利PPP法律制度研究［J］.行政法学研究，2017(6)：23-34.

［168］崔建远.行政合同族的边界及其确定根据［J］.环球法律评论，2017（4）：21-32.

［169］于安.我国PPP合同的几个主要问题［J］.中国法律评论，2017（1）：42-46.

［170］于安.我国实行PPP制度的基本法律问题［J］.国家检察官学院学报，2017（2）：84-94，172.

［171］于安.我国PPP的法治走向与新行政法［J］.中国法律评论，2018（4）：174-179.

［172］宋斌文，何晨.PPP、政府购买服务、政府采购关系辨析［J］.行政事业资产与财务，2017（3）：19–21.

［173］凤亚红，李娜，左帅.PPP项目运作成功的关键影响因素研究［J］.财政研究，2017（6）：51–58.

［174］徐强胜.正确理解机关法人制度［J］.人民法治，2017（10）：32–34.

［175］陈学辉.政府参股PPP项目公司法律地位：理论反思与标准建构［J］.行政法学研究，2017（5）：134–144.

［176］温来成.国有企业参与PPP项目建设和运营的思考［J］.中国财政，2017（3）：53–54.

［177］郑雅方.论我国PPP协议中公私法律关系的界分［J］.行政法学研究，2017（6）：35–43.

［178］尹少成.PPP模式下公用事业政府监管的挑战及应对［J］.行政法学研究，2017（6）：114–12.

［179］尹少成.PPP合同的法律属性及其救济：以德国双阶理论为视角［J］.政法论坛，2019（1）：85–98.

［180］屈茂辉.机关法人制度解释论［J］.清华法学，2017（5）：128–138.

［181］刘大洪，段宏磊.混合所有制、公私合作制及市场准入法的改革论纲［J］.上海财经大学学报，2017（5）：91–102,128.

［182］徐孟洲.论政府和社会资本合作关系的经济法调整［J］.中国法律评论，2017（1）：47–50.

［183］丁轶.等级体制下的契约化治理［J］.社会科学文摘，2017（10）：65–67.

［184］朱晓龙.法国公私合作模式（PPP）及经验启示［J］.经济研究参考，2017（47）：80–83.

［185］宋亚辉.风险控制的部门法思路及其超越［J］.中国社会科学，

2017（10）：136–158，207.

［186］高山.政府和社会资本合作模式的风险监管研究［J］.商业经济研究，2017（7）：173–176.

［187］邢钢."一带一路"建设背景下PPP项目中政府单方变更合同法律问题研究［J］.东方法学，2017（6）：35–44.

［188］邢钢.PPP项目合同中的便利终止条款研究［J］.法学杂志，2018（1）：77–85.

［189］邢钢.PPP项目中政府介入权法律问题研究［J］.比较法研究，2018（2）：173–187.

［190］满艺珊.我国PPP协议的法律属性及规制研究：基于对双阶理论的借鉴［J］.行政法论丛，2018（1）：178–191.

［191］张敏.从行政性、合同性双重视角审视行政合同的延展与规范［J］.政法丛论，2018（4）：126–136.

［192］孙学致，宿辉.PPP合同的法律属性：一个解释论的立场［J］.山东社会科学，2018（7）：179–186.

［193］金健.德国公私合作规制理论及其对中国的启示［J］.南京政治学院学报，2018（1）：114–119.

［194］陈无风.司法审查图景中行政协议主体的话格［J］.中国法学，2018（2）：131–146.

［195］江国华.政府和社会资本合作项目合同性质及争端解决机制［J］.法商研究，2018（2）：3–14.

［196］王林清.国有建设用地使用权出让合同性质辨析［J］.现代法学，2018（3）：44–56.

［197］刘承韪.美国公私合作关系（PPP）的法治状况及其启示［J］.国家行政学院学报，2018（4）：140–146，152.

［198］展鹏贺.德国公法上信赖保护规范基础的变迁：基于法教义学的视角［J］.法学评论，2018（3）：134–151.

［199］钱叶芳.论公共管制权：构成社会法核心范畴的新型国家权力［J］.法学，2018（4）：83-96.

［200］谢晖.从强契约、商谈可接受证成法律之为制度修辞［J］.法学评论，2018（2）：34-42.

［201］黄莎莎.新公共管理理论及思考［J］.管理观察，2018（20）：57-58.

［202］杨彬权，王周户.论我国PPP行政法规制框架之构建［J］.河北法学，2018（3）：98-117.

［203］焦洪.政府与社会资本合作项目争议的解决方式［J］.政法论丛，2018（4）：115-125.

［204］梁凤云.公私合作协议的公法属性及其法律救济［J］.中国法律评论，2018（4）：180-189.

［205］梁凤云.行政协议的界定标准：以行政协议司法解释第1条规定为参照［J］.行政法学研究，2020（5）：3-12.

［206］陈天昊.法国PPP纠纷解决机制：在协议合法性与协议安定性之间［J］.中国法律评论，2018（4）：197-204.

［207］耿宝建，殷勤.行政协议的判定与协议类行政案件的审理理念［J］.法律适用，2018（17）：124-135.

［208］吴立香，王传干.公私合作（PPP）的兴起及法律规治［J］.苏州大学学报(哲学社会科学版)，2018（2）：72-82.

［209］李声高.我国PPP模式的性质存疑及进路探析：基于程序治理的思维［J］.黑龙江省政法管理干部学院学报，2018（3）：72-76，97.

［210］邵文娉.对国有企业作为社会资本参与PPP的几点思考［J］.财政监督，2018（16）：84-88.

［211］郑传军，袁竞峰，张亚静.PPP与政府购买服务的比较研究［J］.经济体制改革，2018（2）：70-77.

［212］龙小燕，陈新平，李忠峰.中、西式PPP的逻辑比较［J］.财政

科学，2019（5）：142-146.

［213］宁靓，王凌歌，赵立波.PPP 与政府购买服务：概念辨析与异同比较［J］.中共福建省委党校学报，2019（6）：76-84.

［214］廖振中，高晋康，Hao Ruili. 中国 PPP 特别立法的重构研究 [J]. China Legal Science，2019（3）：3-32.

［215］柯洪，王华，杜亚灵，等.PPP 项目监管体系及其改善研究——基于中国管理情境［J］.价值工程，2019（7）：10-15.

［216］章志远.迈向公私合作型行政法［J］.法学研究，2019（2）：137-153.

郑雅方，满艺姗.行政法双阶理论的发展与适用［J］.苏州大学学报（哲学社会科学版），2019（2）：71-78.

［217］张雅璇，王竹泉.从合伙契约到产权重建：走出 PPP 项目落地难的困境［J］.财经问题研究，2019（2）：35-42.

［218］刘飞.PPP 合同的法律性质及其争议解决途径的一体化［J］.国家检察官学院学报，2019（4）：93-105.

［219］刘梦祺.政府与社会资本合作中政府角色冲突之协调［J］.法商研究，2019（2）：89-100.

［220］张淑芳.私法渗入公法的必然与边界［J］.中国法学，2019（4）：84-105.

［221］龚强，张一林，雷丽衡.政府与社会资本合作（PPP）:不完全合约视角下的公共品负担理论［J］.经济研究，2019（4）：133-148.

［222］仇晓光.PPP 模式中特殊目的公司（SPV）治理法律问题［J］.国家检察官学院学报，2019（5）：144-158.

［223］崔新坤.委托代理理论视角下 PPP 合同的局限及监管研究［J］.生产力研究，2019（9）：36-41.

［224］丁新正.构建以普通法律立法为引领的我国 PPP 制度体系安排研究［J］.重庆理工大学学报（社会科学），2020（1）：132-145.

[225] 冯莉 . 论我国行政协议的容许性范围 [J] . 行政法学研究, 2020 (1): 42-54.

[226] 贺馨宁 . 论 PPP 合同中单方解除、变更权的法律属性与控制机制 [J] . 法律科学, 2020 (3): 159-168.

[227] 赵萌琦 . 国内 PPP 项目公司治理结构不平衡问题及对策 [J] . 法制与社会, 2020 (2): 68-69.

[228] 张光辉, 刘鹏 . 宪政视野下行政优益权研究 [J] . 经营管理者, 2010 (21): 27.

[229] 刘海鸥, 贾韶琦 . 政府和社会资本合作 (PPP) 立法的美国镜鉴与启示 [J] . 财经理论与实践, 2020 (3): 155-160.

[230] 杨荣, 李琪 . 从依附到合作: 社会组织与政府信任关系的变迁与应对策略研究 [J] . 社会工作, 2020 (2): 89-96, 112.

[231] 王春业 . 行政协议司法解释对 PPP 合作之影响分析 [J] . 法学杂志, 2020 (6): 59-68.

[232] 刘海鸥, 贾韶琦 . 论政府和社会资本合作项目合同争议的综合救济 [J] . 湘潭大学学报 (哲学社会科学版), 2020 (3): 61-65.

[233] 宋子健, 董纪昌, 李秀婷, 等 . 基于委托代理理论的 PPP 项目风险成本研究 [J] . 管理评论, 2020 (9): 45-54, 67.

[234] 余凌云 . 论行政协议的司法审查 [J] . 中国法学, 2020 (5): 64-83.

[235] 邹焕聪 . 公私合作法律问题研究 [D] . 南京: 南京大学, 2011.

[236] 周芬 . PPP 公共采购法律规制的理论与政策: 基于欧盟经验的研究 [D] . 北京: 中央财经大学, 2015.

[237] 黄志豪 . 英国 PFI 法律制度与实践研究 [D] . 上海: 华东政法大学, 2019.

[238] DENHARDT R B, DENHARDT J V.The New Public Service:Serving Rather than Steering [J] .Public Administration Review, 2000 (6): 549-559.

［239］MUTEK M W.Implementation of Public Private Partnering ［J］. Public Contract Law Journal，2001（4）:557-584.

［240］ HM TREASURY.Meeting the investment challenge ［J］.Public Private Finance，2003（76）：11.

［241］GARNER B A. Black's Law Dictionary ［M］.St.Paul：West Group Publishing，2004.

［242］COOK J.Modern Enhancements for PPP Concession Agreements ［J］. Construction Lawyer，2008（4）：24-29，45，46.

［243］RAQUEL A S,ANDRADE A.Corporate Governance in Public Private Partnerships ［J］. European Procurement&Public Private Partnership Law Review，2010（4）：209-214.

［244］GEDDES R R.The Road to Renewal:Private Investment in the U.S. Transportation Infrastructure ［M］.Washington，D.C:The AEI Press，2011.

［245］AURIOL E A，PICARD P M B.A theory of BOT concession contracts ［J］.Journal of Economic Behavior & Organization，2013（C）：187-209.

［246］PODHRASKI D.Real Options in Public Private Partnerships ［J］. European Procurement&Public Private Partnership Law Review，2014(3): 164-173.

［247］CARBONARA N, COSTANTINO N,PELLEGRINO R.Concession period for PPPs:A win-win model for a fair risk sharing ［J］ International Journal of Project Management，2014(7):1223-1232.

［248］OSEI-KYEI R,CHAN A P C.Review of studies on the Critical Success Factors for Public Private Partnership (PPP) projects from 1990 to 2013 ［J］. International Journal of Project Management，2015(6):1335-1346.

［249］NAGELKERKE M,VAN VALKENBURG M.Lacking Partnership in PPP Projects ［J］. European Procurement&Public Private Partnership Law Review，2016(4): 346-360.

［250］VAN GARSSE S，VAN DEN BROEK E，BUYCK J.PPP Contracts: Amendments to PPP Projects Based on Experience in Flanders ［J］. European

Procurement&Public Private Partnership Law Review，2016(2): 111-116

［251］RUHLMANN M.Public Private Partnership (PPP) in Germany-Current Developments［J］．European Procurement&Public Private Partnership Law Review，2016(2): 145-148.

［252］ZAPATRINA I.Sustainable Development Goals for Developing Economies and Public Private Partnership［J］．European Procurement&Public Private Partnership Law Review，2016(1): 39-45.

［253］ZHANG Z W. Foreign Investment and Public Private Partnerships in China［J］.European Procurement & Public Private Partnership Law Review，2017（1）:29-40.

［254］LIAO Z Z，GAO J K.On the Reconstruction of the Specific Legislation of the PPP in China［J］.China Legal Science，2019（3）:3.

［255］GAO J J.The Government's Regulatory Obligations to Public Utilities Franchise［J］.Frontiers of Law in China，2019（3）:335-359.

［256］JIDOVU A.The Role of Public Private Partnership in Community Development［J］.Revista Universitara de Sociologie，2019（2）：194-203.

［257］LISITSA V，MOROZ S.Legal Regulation of Public Private Partnership in Russia and Other Countries of the Eurasian Economic Union［J］.Russian Law Journal，2019（3）：53-81.